MARIO ARGUETA

LA GRAN HUELGA BANANERA DEL 54

(Los 69 días que estremecieron a Honduras)

ERANDIQUE
COLECCIÓN

LA GRAN HUELGA BANANERA DEL 54
(Los 69 días que estremecieron a Honduras).

©Editorial Erandique 2024
Supervisión Editorial: Óscar Flores López
Diseño de portada: Andrea Rodríguez-Lilyana Gálvez
Administración: Tesla Rodas y Jéssica Cordero
Levantamiento de texto: Zona Creativa
Presidente: José Azcona Bocock

Primera Edición
Tegucigalpa, Honduras-marzo de 2024

CONTENIDO

OTRA JOYA DE DON MARIO ARGUETA

La Gran Huelga Bananera del 54, los 69 días que estremecieron a Honduras, es el cuarto libro del historiador y escritor Mario Argueta, que publicamos en Colección Erandique. Coincide con la conmemoración de los setenta años de aquella gesta que inició en las entrañas de las prisiones verdes, como las llamó Ramón Amaya Amador.

Esta obra se suma a Tiburcio Carías, anatomía de una época; Ramón Villeda Morales, luces y sombras de una primavera política; y Tres caudillos, tres destinos (Carías Andino, Vicente Tosta y Gregorio Ferrera), escritas por Argueta.

Con la rigurosidad que le caracteriza, nuestro querido don Mario investigas las causas que provocaron el estallido social que puso de rodillas al pulpo transnacional y logró crear mejores condiciones de trabajo en los campos bananeros.

Don Mario removió archivos oficiales de Estados Unidos (cables cruzados entre la embajada de Estados Unidos en Honduras y el Departamento de Estado; instrucciones de éste para aquella, memorándums de conversaciones entre funcionarios) y archivos nacionales hondureños; entrevistó a destacados personajes que participaron en la huelga, entre ellos, Dionisio Ramos Bejarano, Teresina Rossi, Rodolfo Rosales Abella, Enrique Aguilar Paz, Agapito Robleda, Gustavo Andara Bulnes y Noemí Miranda de Ramos.

La bibliografía incluye una docena de obras escritas sobre la huelga bananera y nueve periódicos: El Cronista, El Día, La Época, Gráfico, Orientación, El Sampedrano, Social, Vanguardia y Vanguardia Revolucionaria.

Este libro revela, además, la actuación de los ejecutivos de la Tela Rail Road Company y la United Fruit Company y la Standard Fruit Company, entre otros; así como del presidente Juan Manuel Gálvez, el ex dictador Tiburcio Carías Andino y Ramón Villeda Morales.

Líderes históricos del Partido Comunista como Ventura Ramos, Ramón Amaya Amador y Rigoberto Padilla Rush también desfilan por estas páginas.

"En El Progreso es celebrado el 1 de mayo el Día Internacional del Trabajo. Salen del Parque Ramón Rosa 500 trabajadores a los que gradualmente se unen muchos más, hasta alcanzar 10,000 manifestantes. Se aprovecha la coyuntura para declarar el paro indefinido y el inicio de la huelga, leyéndose un comunicado por parte de Miguel Toro. Ese día y el domingo dos, delegados obreros visitan los campos bananeros a fin de que sus compañeros se sumen al movimiento. Dato proporcionado por Agapito Robleda Castro en enero de 1994".

Era el inicio de la gran huelga bananera…

La investigación realizada por don Mario Argueta, con narrativa, testimonios y opiniones, incluida la suya, es parte esencial de la antología de obras escritas sobre la huelga del 54.

Colección Erandique publica este libro como un homenaje a miles de hombres y mujeres que dijeron "¡Basta!" a la explotación a la que eran sometidos por los "gringos" y sus serviles, entre ellos, el propio Estado.

Que su sacrificio (algunos incluso dieron su vida; otros fueron sometidos a torturas y cárcel), sea un ejemplo para las nuevas generaciones.

¡Gracias, don Mario Argueta, por esta obra!

Óscar Flores López/Editor Colección Erandique

EL ACONTECIMIENTO HONDUREÑO MÁS IMPORTANTE DEL SIGLO VEINTE

JUAN RAMÓN MARTÍNEZ[1]

Fue una especie de estremecimiento colectivo que conmocionó todas las estructuras de la sociedad hondureña. El Estado se vio sacudido por un movimiento telúrico que cada día que pasaba, se extendía como un reguero de pólvora. Las fuerzas económicas se paralizaron bruscamente y el aparato productivo nacional, al dejar de funcionar en sus variantes más importantes, redujo sensiblemente su contribución al producto interno bruto.

La clase política —involucrada en un proceso de renovación de las fuerzas dirigentes del país con el que se probaría efectivamente la calidad de la transición de la dictadura a la democracia— vaciló como nunca antes. Al fin y al cabo, estaban de por medio, por un lado los deseos de justicia con los obreros que los políticos alababan por lo menos públicamente; y por la otra, el temor que la inestabilidad, generada por la huelga de los trabajadores, fuese utilizado como justificación para prolongar el período presidencial de Gálvez y su camarilla.

Y finalmente, para los inversionistas extranjeros fue una sorpresa. Al fin y al cabo, apenas unos pocos días antes, habían reportado a Boston que aquí todo estaba bajo control y que contando con el Gobierno de Gálvez, no ocurriría jamás lo que se temía para Guatemala. Y era razonable. La huelga que paralizaba a los principales centros de trabajo del país, no sólo dislocaba los sistemas de dominación vigentes hasta entonces, sino que disolvía en forma total, la visión que se había tenido hasta entonces de la capacidad de movilización de la fuerza laboral hondureña. La forma unificada en que respondían los trabajadores; la solidaridad de los comerciantes, extranjeros la mayoría de ellos; la falta de energía y unidad en el

---

[1] Juan Ramón Martínez, escritor y ensayista (Olanchito, mayo de 1941) ha publicado Historia del Movimiento Cooperativista (1957) Isletas, frustraciones y Esperanzas (1976), La Pasión de Prudencia Garrido y Otros Relatos (1993), Lucila Gamero de Medina, una Mujer ante el Espejo (1994) y Ramón Amaya Amador, Biografía de un Escritor (1995). Articulista de Diario La Tribuna y excandidato presidencial por la Democracia Cristiana.

mando gubernamental y la incapacidad de los dirigentes de la Tela para negociar en forma rápida y oportuna, hizo que la huelga de los trabajadores de Honduras —que transcurriera en los meses de abril y mayo de 1954— se convirtiera en uno de los más importantes acontecimientos de la historia nacional.

Posiblemente sólo la guerra de 1924, en la que liberales y nacionalistas se enfrentaron disputándose palmo a palmo el control de la capital hondureña durante cuarenta y cinco días y la confrontación armada con El Salvador en 1969, le disputan importancia histórica a la huelga general de 1954. Con todo, la "revolución del 24" y la misma guerra con El Salvador en 1969, tuvieron, relativamente hablando, una influencia menor en el curso de los siguientes acontecimientos hondureños.

Aunque el primero de estos acontecimientos (la guerra del 24) pareció iniciar la declinación del caudillismo nacional, por la supremacía de unos de los caudillos —el General Carías— y que la guerra del 69 descalabró totalmente los esquemas de integración en los que nuestro país se había movido desde hacía por lo menos veinte años atrás, es la gran huelga de 1954 el acontecimiento que no sólo modificó las estructuras y modelos de participación política, sino que además, en lo económico precipitó una desproporcionada modernización en la industria bananera lo que a su vez, presionó sobre la ubicación espacial de la población nacional, creando un proceso de urbanización, cuyos efectos todavía no hemos terminado por asumir totalmente.

Es por ello, sin ningún género de duda, el acontecimiento hondureño más importante del siglo. O como dice muy bien Mario Argueta, el hecho que "estremeció a Honduras". Como en muchas otras cosas, sin embargo, la Gran Huelga General de 1954, no nos ha contado todos sus recuerdos, implicaciones y efectos. Todavía es mucho lo que ignoramos sobre este fenómeno, crucial para un correcto entendimiento de la historia nacional de Honduras. Aunque mucho más estudiado que la guerra del 24, de la cual sólo conocemos el Diario que en esa oportunidad escribiera el periodista Rivas asignado a la legación de Nicaragua en Tegucigalpa; o de la guerra con El Salvador de la cual apenas existen reportajes y algunos análisis muy dispersos.

La huelga del 54 todavía mantiene en forma hermética muchas de sus motivaciones más profundas e incluso, el protagonismo de algunas fuerzas, grupos e individuos, todavía no es lo suficiente claro y seguro. Por ejemplo, flota en el ambiente la sensación que la huelga general de 1954 fue muy bien organizada y manejada, sin que se pudiera atribuir la responsabilidad a un movimiento sindical cuya existencia nadie ha podido demostrar.

Por ello, fácilmente se ha recurrido a la supuesta intervención del Partido Comunista —que apenas se había constituido apresuradamente unas pocas semanas antes— o a la invención de una misteriosa participación de agentes pagados por el gobierno guatemalteco que de esta manera, al animar la huelga general, incomodaban la estrategia de Estados Unidos que se preparaba para asestarle al gobierno de Arbenz la embestida final. No ha sido sino hasta hace muy poco que hemos ido entendiendo que la gran huelga no fue obra —por lo menos, inicialmente— de los trabajadores de las fincas bananeras, es decir los campeños propiamente, sino que de la acción inteligente de los trabajadores medios, muchos de los cuales habían concluido estudios secundarios.

Marvin Barahona, en su libro EL SILENCIO QUEDÓ ATRÁS, Testimonios de la huelga bananera de 1954 (Editorial Guaymuras, agosto de 1994) es quien, al proyectar sobre el acontecimiento huelguístico un enfoque personal, nos permite acercarnos al carácter y nivel de los principales dirigentes de la huelga. Y por medio de la identificación del nivel en que se movían, la formación que habían alcanzado (la mayoría de ellos peritos mercantiles, mecánicos, profesores y torneros que trabajan en oficinas administrativas en los muelles, el ferrocarril o en los talleres de la bananera Tela o de la Standard Fruit Company) y los rencores y motivaciones que les animaban.

Gracias a la lectura de los testimonios que pacientemente consigue de muchos de los protagonistas —especialmente los de raigambre más urbana— es que podemos entrever que el rencor en contra de los patronos extranjeros, incluye en primera línea, el disgusto con respecto a los salvadoreños que como habíamos olvidado, son los que acaparan las posiciones medias operativas de las mencionadas empresas bananeras. Estudiando un poco más el asunto, es muy posible que podríamos encontrar respuestas interesantes al anti-salvadoreñismo que observamos desbordarse en la guerra del 69, en la tensión que se creara por el hecho que los capataces más despóticos de las fincas bananeras hayan sido precisamente salvadoreños. Otro aspecto poco aclarado todavía es el relacionado con un supuesto comportamiento enfrentado desde el liderazgo huelguístico. La división que se ha querido presentar entre los trabajadores de las fincas con respecto al liderazgo que trabaja-ba en las oficinas, los muelles, el ferrocarril y los talleres no ha estado signada por la precisión histórica, sino que más bien orientada a desprestigiar a ciertos grupos y tendencias. Así por ejemplo, se ha pretendido idealizar a los dirigentes que pertenecían o simpatizaban con las posturas del Partido Comunista, al tiempo que se denigra y desprestigia a los dirigentes que simplemente militaban o simpatizaban en el Partido Liberal o el Partido Nacional.

Tal maniqueísmo, en vez de ayudar a entender la dinámica del liderazgo campeño para de esa manera aprender y extraer las lecciones correspondientes, nos ha obscurecido el análisis y ha tornado mucho más sectario un acontecimiento que desde el principio fue altamente discutido.

Por ejemplo, aun ahora, casi cuarenta años después, todavía hay sombras muy densas sobre el profesor Valencia así como evidentes prejuicios con respecto a Gale Varela, Benigno Gonzales, Raúl Edgardo Estrada e incluso sobre el mismo Céleo Gonzales, no tanto por su condición de tales, sino que, fundamentalmente, por el hecho que no militaron en ninguno de los grupos marxistas de entonces.

Incluso mientras escribo estas notas, tengo encima de mi escritorio un alegato en el cual, una persona que participó en la huelga, rescata su protagonismo haciendo afirmaciones que le permiten iluminar su intervención en la misma. Tampoco está suficientemente claro el comportamiento del General Carías y el desempeño de los comandantes principales de la Costa Norte, que, hasta donde suponemos, recibieron instrucciones para que la represión se ejerciera en dirección a ciertos niveles muy claros y precisos.

O el de los jueces que, en aparente obediencia al general Carías, permitieron la fácil excarcelación de algunos dirigentes de la huelga como es el caso de César Augusto Coto que logró su libertad, sólo cuando intervino el dictador nacionalista. Posiblemente, la falta de acceso a los archivos oficiales de aquel entonces; el desconocimiento de la correspondencia privada del general Carías con los comandantes de armas, jefes expedicionarios y jueces y magistrados, explica esta ignorancia que pesó mucho al momento de penetrar en forma exaustiva en una acontecimiento que, como decíamos líneas atrás, estremeció todas las estructuras económicas, políticas y sociales de Honduras.

Por todo lo anterior, recibimos con singular simpatía cualquiera nueva publicación que arroje nuevas luces sobre la gran huelga de 1954. El libro escrito por Mario Argueta —LA GRAN HUELGA DE 1954, 69 días que estremecieron a Honduras— aporte con el rigor histórico que caracteriza al autor, nuevas informaciones sobre la cual construir inéditos juicios sobre el acontecimiento nacional más impactante que ha ocurrido en Honduras en lo que va del presente siglo.

Bien escrito y de fácil lectura, este libro será un valioso instrumento para el conocimiento de la historia nacional. El hecho que indague y busque respuestas sobre el comportamiento de las fuerzas políticas nacionales y que entrevea las contradicciones que se dieron entre el gran capital extranjero y los crecientes intereses económicos de los comerciantes palestinos y libaneses, ayuda a tener una comprensión más dinámica de la huelga de 1954, mucho más allá de las simples anécdotas a las que muchas gentes nos han acostumbrado.

Por medio de su lectura, muchas cosas que hasta ahora son obscuras o simplemente de poca consideración, pueden ser reveladas con precisión. Incluso, hasta para los más resistentes a la idea que la historia —en tanto que escenario en el cual se presentan los comportamientos y justificaciones de los grupos humanos— puede enseñarnos algo para comprender los acontecimientos del presente y entrever los que vendrán, este libro puede ser un oportuno instrumento para su formación integral. Y por supuesto, para los dirigentes sindicales, muchos tocados por la intolerancia o por el orgullo de la ignorancia, será una lección abierta en la cual entender la lógica de las acciones de los líderes cuando se mueven, en el escenario de una crisis generalizada, bajo la presión y la ansiedad. Argueta, igual que con otros trabajo anteriores, confirma su entrega a la disciplina histórica, su obediencia a las reglas de la objetividad y su compromiso con la verdad. Al fin y al cabo él sabe que su trabajo no es más que el desarrollo de un compromiso —que mantiene vivo y tierno, por supuesto a pesar del curso de los años— hecho cuando empezó a estudiar Ciencias Sociales en la vieja y siempre bien recordada Escuela Superior del Profesorado.

Por ello, hemos encontrado en La Gran Huelga Bananera de 1954, un texto útil y adecuado para la Honduras del futuro que muchos hondureños queremos construir a partir del laborioso esfuerzo por aprender de los acontecimientos más importantes de su pasado histórico.

Tegucigalpa, mayo de 1995.

PROLEGÓMENO

Este trabajo está dividido en dos partes; la primera ahonda en los antecedentes que permiten entender la génesis y desarrollo de los movimientos sociales de 1954, remontándonos a la época del cariato y al sexenio de la administración Gálvez. Es aquí que el obrerismo agrupó fuerzas e inició nuevamente esfuerzos organizativos tanto en la región central como septentrional del país.

La segunda examina las causales que condujeron al estallido social ocurrido ese año, su desarrollo y desenlace así como las reacciones que ante el mismo asumieron grupos e instituciones. Esto último es visto en detalle, ya que sostenemos la tesis que prácticamente no hubo sector de la sociedad de esa época que, de una manera u otra, no se viera afectado por los sesenta y nueve días que conmovieron a Honduras.

A cuarenta años de ocurridos aquellos acontecimientos el lector puede visualizar lo aquí narrado desde una óptica actual. Sin embargo, para entenderlos es menester situarse en el contexto de ese entonces, enmarcado dentro de las tensiones y conflictos generados por la Guerra Fría. Si se procede así, será posible comprender la magnitud y trascendencia de esos sucesos.

Que sea este un aporte para un más claro entendimiento de nuestro reciente pasado y del proceso de democratización que vive la nación hondureña, como resultado de las huelgas del histórico 1954, son nuestras expectativas. Hemos intentado rescatar, para las actuales generaciones, la historia escrita precisamente por los marginados, seres anónimos excluidos de las páginas de la historiografía ortodoxa. Que sus sueños y luchas sean conocidos y valorados hoy y en el futuro, como muestra de lo que es capaz el pueblo hondureño, son los anhelos de quien hoy presenta ante ustedes estas páginas.

CAPÍTULO I: LA SITUACIÓN LABORAL HONDUREÑA DURANTE EL RÉGIMEN DE TIBURCIO CARÍAS

Durante los diez y seis años que duró la permanencia del General Tiburcio Carías en el poder (1933-1948), los movimientos sociales reivindicativos habían sido no sólo ignorados sino también reprimidos. La violencia estatal, siempre presente, fue facilitada por dos coyunturas que permitieron justificar su aplicación, sobre todo ante las autoridades norteamericanas: La gran crisis de los años treinta, y la Segunda Guerra Mundial.

La primera incidió, a nivel nacional, sobre los niveles de empleo, particularmente en las plantaciones bananeras de la Costa Norte, lo que propiciaba movimientos protestatarios por parte de los afectados, que estallaron y se prolongaron hasta 1933 cuando asume Carías el mando de la nación, fecha en que cesaron merced a la implanta- ción del estado de sitio por parte del régimen cariísta. La segunda fue utilizada, bajo el pretexto de vigilar y controlar la actividad nazi, realizada por agentes alemanes o por sus simpatizantes locales, para reprimir a la oposición política y al descontento resultante de la prolongada contracción económica.

Además, Carías utilizó, a lo largo de su mandato y en su figuración política posterior a su retiro del poder, la amenaza del comunismo como un medio más para justificar su prolongada permanencia en el poder y sus intentos por llegar nuevamente a la Presidencia. Esta técnica contribuyó a su prolongada estadía en el poder, ya que recibió el apoyo del Departamento de Estado norteamericano.

Si bien es cierto que durante una buena parte del Cariato, el Embajador de los Estados Unidos en Honduras, John Erwin, remitía a sus superiores en el Departamento de Estado reportes favorables al régimen, con análisis superficiales en los que se presentaba la situación social del país como exenta de tensiones, con la conclusión de la Segunda Guerra Mundial los hacedores de la política exterior estadounidense ordenaron a las representaciones diplomáticas norteamericanas en diferentes partes del mundo que informaran en detalle y profundidad la situación laboral y las condiciones sociales existentes en los países donde se encontraban acreditados. Fue así que

Erwin (nota enviada al Departamento de Estado, 28 de marzo de 1945), detallaba la conversación sostenida con el Presidente Carías en marzo de 1945:

"Me manifestó su preocupación acerca de los continuos esfuerzos de intereses extraños por estimular problemas laborales en Honduras El Presidente Carías dijo que, hasta ahora, no han habido reportes de problemas laborales en Honduras. Él tiene razón para creer que los planes, que él piensa se originan en México, están avanzando con el objetivo final de promover una huelga general en este país. Expresó que, de acuerdo con su información, los agentes de Vicente Lombardo Toledano están activos en Centro América. Él cree que la agitación está estrechamente vinculada con el nuevo régimen en Guatemala.

En otro informe (1 de febrero de 1946), enfatizaba Erwin al Departamento de Estado, 28 marzo 1945 que "No hay agitación entre las clases laborantes. Los salarios monetarios y reales parecen ser algo más altos que en los países vecinos y no hay desempleados...".

Esa visión complaciente y de respaldo a Carías era criticada, años después, por otro diplomático compatriota de Erwin. Esta era la evaluación de Reid en su Memorándum al Departamento de Estado el 12 de junio de 1953:

"Es mi opinión personal que una parte de los problemas que ahora confrontan las compañías americanas resultaron del sentimiento de seguridad y estabilidad resultante de las políticas de Carías. Se adormecieron a sí mismas, en la creencia de que Honduras nunca cambiaría y de que sus actividades estaban por encima de la crítica. Durante estos años muchos hondureños se marcharon al auto exilio... Este "paraíso" fue, por tanto, engañoso y nuestra Embajada, durante esos años, no hizo nada para mirar por debajo de la superficie. En la actualidad el "paraíso" ha desaparecido. Con la inauguración de Gálvez, en 1949, los derechos civiles regresaron a Honduras y, con ellos, regresaron muchos de aquellos que habían estado en exilio...".

No todas las agencias gubernamentales estadounidenses veían en términos idílicos la gestión gubernamental y las condiciones económicas y sociales del Cariato, tal como lo hacía Erwin. El Federal Bureau of Investigations era crítico en sus valoraciones:

"El Presidente Carías es criticado en Honduras, no tanto por lo que ha hecho, sino por lo que ha fallado en hacer. Nunca ha hecho ningún viaje extensivo, nunca ha ido a los Estados Unidos o a Europa y sus ideas son provincianas y atrasadas... Como resultado de esto, la

República de Honduras es probablemente la más atrasada de las repúblicas centroamericanas. Por ejemplo, con excepción de la Carretera Panamericana, los caminos en el país están prácticamente en la misma condición que hace diez años, no habiendo prácticamente carreteras en el país y es probable que esto, más que ningún otro factor, ha retardado el progreso económico del país... Otro ejemplo es el sistema educativo del país, que es muy pobre, esto probablemente debido, principalmente, a la negativa del gobierno a gastar dinero para pagar maestros competentes y obtener facilidades adecuadas. La salud pública en el país es muy pobre y pocas medidas son tomadas por el gobierno para corregir esta condición... las facilidades hospitalarias son pobres e inadecuadas. Las facilidades industriales son prácticamente nada, aunque haya posibilidades sin número para su desarrollo, pero no se emprende acción por parte del gobierno para estimular su desarrollo. El Presidente Carías no ha salido fuera de la ciudad capital y sus suburbios desde que asumió la Presidencia en 1933 y la mayoría de la gente nunca lo ha visto. Como resultado de esto, el pueblo considera que el gobierno no se preocupa por su bienestar. Los funcionarios locales asumen poderes no propiamente suyos, llegando a ser más o menos dictadores en los territorios bajo su jurisdicción. Como resultado, Carías tiene que depender de sus consejeros para que le digan qué está sucediendo en el país y estos confidentes le dicen su versión de las condiciones y, no infrecuentemente, no se ponen de acuerdo sobre qué está sucediendo en el país. Como resultado, el Presidente no está al tanto de la verdadera situación y es muy sospechoso de las ambiciones presidenciales de un número de hondureños prominentes... En los últimos diez años un grupo de empleados ha sido mantenido casi intacto... Como no hay suficientes empleos... Alguna de esta gente es colocada en las planillas del gobierno con un salario específico, a cambio de lo cual se supone deben estar disponibles para el servicio gubernamental en cualquier momento que sean necesitados.[2]

De la reproducción de estas citas se puede inferir que la "cuestión social" en Honduras durante el período 1933-1948 no fue abordada por parte del Gobierno buscando remediarla, así fuera parcialmente. Si no se manifestó en forma abierta, ese debe de ser atribuido al clima de represión, exilio, delación y muerte implantado. Pero la violencia

[2] FBI: "Situación política en Honduras". 815.00/4936 PS/RIR, State Decimal File, 1940-1944.

institucionalizada no podía durar indefinidamente, particularmente después de 1944, con el derrocamiento de dos de las cuatro tiranías existente en esas décadas en Centro América, y la implantación de gobiernos libremente electos, democráticos e innovadores en Honduras.

Expectativas crecientes por parte de los sectores medios y populares demandaban de nuevos estilos políticos, suficientemente flexibles como para intentar acomodar las demandas y aspiraciones colectivas. El régimen de Tiburcio Carías no parecía capaz de hacer frente, exitosamente, a los nuevos tiempos. Luego de prolongados diez y seis años en el poder, se había gastado, perdiendo no sólo popularidad sino también legitimidad. El conflicto no era meramente generacional, aunque debe ser tomado en cuenta; se trataba, también de la creación de la infraestructura estatal que permitiera emprender la modernización institucional de la Nación. Ese fue el reto que encaró Juan Manuel Gálvez al asumir la Presidencia en 1949. El otro desafío, inexorablemente ligado al primero, fue el de liberalización y democratización de la vida política, tras casi dos décadas en que se había truncado el aprendizaje democrático hondureño que duró de 1924 a 1932 (gobiernos de Miguel Paz Baraona y Vicente Mejía Colindres).

El legado de Carías había consistido en dejar atrás la vía violenta como forma de solución al conflicto. La imposición de una paz armada significó un período de estabilidad y consolidación pero sin cambio social. La generación post-dictadura demostraría que, con suficiente audacia y flexibilidad mutua, era posible el progreso y bienestar sin el menoscabo de la libertad. Con la finalización de la Segunda Guerra Mundial yelas aspiraciones por la democratización y la plena vigencia de las garantías individuales y sociales estatuidas en la Carta de las Naciones Unidas (1945), la política exterior estadounidense fue tornándose menos complaciente con las políticas y procedimientos de los regímenes de signo dictatorial.

Además, no debe minimizarse el impacto que representó la caída de Ubico y Hernández Martínez, en Guatemala y El Salvador respectivamente. Si bien Carías continuó en control del aparato estatal, las manifestaciones de protesta realizados en Tegucigalpa y San Pedro Sula le obligaron a una relativa distensión que, como veremos más adelante, se tradujo en un aflojamiento de los controles impuestos a la libertad de prensa.

Ya en el último año de su régimen, la Guerra Fría irrumpió abiertamente en las relaciones internacionales. El mundo quedó dividido en dos campos antagónicos: "ellos o nosotros", cada uno intentando expandir sus áreas de influencia, forjando lealtades y estableciendo alianzas de tipo militar y económico. Los funcionarios diplomáticos norteamericanos en Honduras reflejaban en la correspondencia intercambiada con Washington y con ejecutivos estadounidenses establecidos en Honduras, acerca de la presencia comunista en el país.

Así el Encargado de Negocios Harold E. Montamat, en conversación sostenida con el Gerente de la United Fruit Company en nuestro país, Walter Turnbull, era informado por éste del apoyo otorgado por Carías a su empresa, ya que "el Gobierno hondureño estaba muy preocupado acerca del Comunismo y haría todo lo posible para prevenir que comunistas entraran al país independientemente de su punto de origen".

Además, le exponía al diplomático que las autoridades hondureñas cooperaban con la empresa en tratar con agitadores y comunistas, a su vez, su representada colaboraba cordialmente con el Gobierno. Ejemplificaba esa aseveración con el hecho que la compañía frutera había recientemente capturado a un reconocido comunista salvadoreño y le había entregado a las autoridades.

A veces, añadía Turnbull, el Presidente Carías le pedía a la United información relativa a empleados sospechosos mientras en otras ocasiones le proporcionaba a ésta investigaciones obtenidas a través de sus propios servicios de inteligencia sobre tales empleados (nota enviada al Departamento de Estado el 23 de abril de 1948. Record Group 59, 815.00/-2748, pp. 5-6).

De esta extensa cita se puede deducir la relación de mutuo apoyo mantenida, a través de los años, entre Carías y la multinacional. La búsqueda de la estabilidad, via intimidación, era vista como el objetivo deseable, si bien bajo una óptica miope y de corto plazo.

También Montanat informaba a sus superiores que Carías se mostraba irritado por la propaganda liberal y pro-Perón realizada por el Ministro argentino en Honduras y su Agregado Laboral, Antonio Guffanti y Mariano Ferrari, respectivamente. Como veremos más adelante, con la apertura implantada por Gálvez, diversas instituciones y grupos empezaron a organizar y captar las simpatías y apoyos del obrerismo.

La diplomacia estadounidense veía con signos de preocupación en el crepúsculo de la Administración Carías, como la no existencia de organizaciones laborales ni de una política estatal que no fuera la represiva, podía llegar a constituirse, en un futuro cercano, en una fuente de inestabilidad. Así lo expresaba el Embajador Herbert S. Bursley a sus superiores en Washington:

"No hay al presente organizaciones laborales en Honduras y esto, probablemente, representa un extremo tan indeseable como lo es el izquierdísmo extremo", (Bursley al Departamento de Estado, nota Número 170,815.00/8-1148).

Las crecientes expectativas y anhelos generados por la derrota del totalitarismo nazi-fascista implicaban, necesariamente, nuevos estilos de gobierno, flexibles y abiertos, a los nuevos desafíos y a los vientos de cambio; la Administración Carías no parecía ser receptiva. Es cierto que había logrado sobrevivir a los acontecimientos ocurridos en Centroamérica en 1944 y se había visto obligada a un cierto grado de apertura (levantamiento parcial de la censura, autorización para que algunos exilados retornaran al país), que no era suficiente y, probablemente tardía.

Un despacho enviado desde Tegucigalpa reflexionaba sobre estos temas, intuyendo que, con los nuevos tiempos, se marcaba el inicio de una nueva etapa para el país. A continuación se reproduce (Bursley al Departamento de Estado, 12 de enero 1949, despacho 19, 800.20210/1-1249):

"El Comunismo no es infrecuentemente conjurado y usado aquí como una fácil explicación de fenómenos sociales complejos y perturbadores, también tiene su ocasional uso doméstico con propósitos de desdoro tal como fue visto en la reciente campaña presidencial cuando el candidato de oposición fue acusado, sin citar ninguna evidencia tangible, de ser un agente o una herramienta comunista. Es aparentemente cierto que un ocasional simpatizante comunista o incluso un operativo consigue penetrar a Honduras, generalmente bajo el disfraz de trabajador. Es confiablemente entendido por la Embajada que los empleadores más grandes en el país (las bananeras), tienen un arreglo satisfactorio con el Gobierno por el cual cualquier nativo o simpatizante comunista extranjero es tratado apropiada y efectivamente por la Policía o deportado... Honduras puede ahora, después de diez y seis años de reinado de paz doméstica y estabilidad, rígidamente puesto en vigor, estar en marcha hacia cambios y desarrollos sociales que, aunque lleguen lentamente, pueden eventualmente, como lo han hecho en muchas otras partes del mundo, traer consigo una medida de ese disturbio político, social, moral y espiritual que encuen- tra su expresión y satisfacción en lo que a menudo es libremente catalogado o descrito como Comunismo".

"Además —continuaba el informe diplomático —, la ausencia de Comunismo en Honduras puede ser atribuido en parte al vigor con que la Administración Carías, durante sus diez y seis años en el poder, suprimió cualquier amenaza a su propia autoridad y desalentó lisonjas políticas o sociales de origen exótico.

Con una mezcla de nostalgia por el tranquilo pasado pero, a la vez, con aprehensión por lo que el incierto futuro podía deparar, el autor de este análisis insinuaba a sus superiores que, ante las perspectivas de cambios en las relaciones sociales, la política de su Gobierno hacia los sectores emergentes, incluyendo el laboral, debía adaptarse a las nuevas realidades.

CAPÍTULO II: EL OBRERISMO DURANTE LA PRESIDENCIA DE JUAN MANUEL GÁLVEZ

Con la llegada a la Presidencia de Juan Manuel Gálvez, en 1949 las expectativas y anhelos populares, largamente reprimidos, empezaron rápidamente a florecer. Además, los emergentes sectores medios, a su vez dejaron sentir sus planteamientos y reclamos. Los unos y los otros estaban enterados de las reformas y políticas democratizadoras implementándose en el vecino del Norte, Guatemala, a partir de 1944. El nuevo régimen, a diferencia del precedente, estaba anuente a poner en práctica innovaciones en el arcaico sistema socio-político-económico de Honduras, si bien el ritmo y profundidad de las mismas no siempre estuvieron en el mismo nivel de lo esperado por los contemporáneos.

Recién iniciado su primer año en el poder empezaron a cristalizarse las inquietudes sociales. Fue así que el 21 de enero de 1949 el Frente Femenino Pro Paz presentaba al Congreso un proyecto para que se reconocieran los derechos políticos a la mujer, incluyendo el del sufragio. Desafortunadamente, en el Congreso la moción fue rechazada por 33 votos en contra y 11 a favor. No sería sino hasta 1955, durante la Jefatura de Estado de Julio Lozano h. que se aprobaría esa conquista. Al respecto un lúcido artículo del vocero del Partido Democrático Revolucionario Hondureño exponía al respecto:

"La mujer es algo más que la mitad de la sociedad nacional y ya no podrá relegarse a la vida de encierro que le impone el marco anticuado de nuestras leyes. El PDRH no se propone legislar solamente para que la élite femenina conquiste sus derechos políticos, sino que aspira a que la mujer del pueblo, la mujer obrera, conquiste esos mismos derechos más la protección del Estado en la adquisición de la cultura y en su condición de madre". (Artículo Desigualdad Política de la Mujer, Vanguardia Revolucionaria, 1 de abril de 1950, página 1).

A lo largo de este trabajo recurriremos a los análisis de este periódico, rico en informaciones y planteamientos relativos a los sectores populares, así como condenatorio de atropellos perpetrados a la clase obrera.

A principios de este año se realizó un Congreso obrero en Tegucigalpa, que reunió a zapateros, sastres, albañiles, aplanchadores y camiseras, en él se fundó el Comité Coordinador Obrero (CCO) y se acordó publicar el periódico Voz Obrera, órgano de los típógrafos, inicialmente bajo la dirección de Ramón Cáceres Carrero y posteriormente se nombró a Rodolfo López, a nombre del CCO. Su Administrador era Carlos Bernard (sic). El lema de este vocero era "por la sindicación, por la emisión del Código de Trabajo y la fundación del Instituto de Seguridad Social".

"Voz Obrera" había ya circulado en 1930, bajo la dirección de Cáceres Carrero.

Estas primeras intentonas unitarias no pasaban desapercibidas a la Embajada Norteamericana. Así lo reportaba, diligentemente, la representación diplomática estadounidense:

"Signos de nuevos tiempos en Honduras fueron evidentes en la organización de un sindicato de tipógrafos, la primera organización obrera formada en muchos años".

En el mes de marzo comunicaba que los meseros también estaban organizando una asociación; la United Fruit Co. anunciaba incrementos salariales efectivos, retroactivamente, a partir del primero de enero y el Congreso Nacional había aprobado legislación relativa a que los trabajadores que laboraran domingos y fiestas nacionales debían recibir pago doble.

El dos de abril que en los campos bananeros había habido agitación propugnando por la sindicalización de los trabajadores. Concluía así:

"Imposible al momento apreciar las proporciones relativas de la retrasada llegada a Honduras de aspiraciones laborales largamente cumplidas en muchos otros países y de la infiltración de la ideología comunista al servicio de la U.R.S.S. En todo caso, el Presidente Gálvez emitió órdenes a las autoridades civiles y militares, en áreas afectadas a fin de tomar todas las medidas necesarias para suprimir activi- dades disruptivas y subversivas. Por la naturaleza de la propaganda distribuída por elementos no identificados, parece haber procedido de Guatemala como resultado de las dificultades de la United Fruit Co. allá".

Obsérvese como empezaba a vincularse a los incipientes intentos organizativos de los trabajadores hondureños con los sucesos modernizadores que se estaban dando en Guatemala bajo la Presidencia de Juan José Arévalo (1945-1951) primero y Jacobo Arbenz (1951-1954) después. Centro América empezaba a ser vista por la diplomacia norteamericana bajo la óptica de la Guerra Fría. No obstante, se admitía que las aspiraciones de los trabajadores hondureños eran ya realidad en otras naciones del Hemisferio, dando a entender que su puesta en vigencia en Honduras se hacía necesaria, como medida preventiva que evitara tendencias radicales.

Para marzo se reportaba que se estaban dando indicaciones definitivas de agitación laboral y como causales presentaba éstas: "Muchas libertades no fueron disfrutadas por los trabajadores bajo el régimen pasado... La clase necesitada está empezando a despertar... Este nuevo sentido de libertad es visible y tal vez particularmente en la Costa Norte donde al trabajador le ha ido infinitamente mejor que en la mayoría de regiones del país... El Congreso Hondureño incluyó en su membresía a un número de jóvenes brillantes, dio un cierto estímulo a las aspiraciones latentes que empezaron a manifestarse cuando la Administración Carías renunció al poder al final de 1948... La circulación, de mano en mano, de Vanguardia Revolucionaria, publicado en San Pedro Sula, como un órgano del Partido Democrático Revolucionario Hondureño. Este periódico no sólo ha atacado intereses extranjeros y concesiones... Es la creencia del Gobierno y de funcionarios de la United Fruit Company ha habido una reciente infiltración de agitadores guatemaltecos en este país, el cual ha estado tan libre no solamente de agitación comunista sino aún de cualquier medida importan te de sindicalismo que hay una tendencia a considerar con fuertes recelos cualesquier intentos aún hacia el establecimiento de sindicatos... La recién aprobada ley sobre feriados 19 y dias festivos es vaga pero condujo a los trabajadores a creer que los salarios serían sustancialmente aumentados.

Es posible que la sindicalización del obrerismo en Honduras ya no puede ser pospuesta por mucho tiempo y si bien puede haber considerable peligro en una sindicalización precipitada, tal paso tendría, al menos, la ventaja de proveer mejor maquinaria que la existente en la actualidad para la solución de salarios y otros problemas sociales".

(Bursley al Departamento de Estado, 22 de marzo 1949/405/3-2249).

La primera huelga obrera a la que tuvo que hacer frente la Administración Gálvez se dio en abril de 1949 por parte de los mineros de San Juancito. Ellos presentaron un pliego de peticiones de ocho puntos a la New York and Honduras Rosario Mining Co., que incluía la demanda de pago doble por el trabajo realizado en día domingo, mejor trato por parte de la empresa, la no destitución de los trabajadores que reclamaron sus derechos, la no reducción entre el personal laborante, pago de días festivos. Aparentemente, la Rosario aceptó estas exigencias pero en la práctica las incumplió. Fue por eso que los mineros no se presentaron a sus labores el 29 de septiembre de ese año, pidiendo que se les pagara el jornal completo, de acuerdo con el salario convenido; un incremento en el sueldo; trato humano por parte de los jefes. El movimiento duró seis dias pero no éxito.

El minero Jacinto Godoy fue apresado acusado de fomentar la huelga en tanto que Bernardo García y Manuel Avilés fueron despedidos. Se atribuyeron a estas razones el fracaso del movimiento huelguístico: falta de organización sindical, carencia de un código de trabajo que estableciera los derechos y la debida protección de los obreros; intervención de los caudillos políticos que se aliaron con los consorcios extranjeros en contra de los trabajadores (Vanguardia Revolucionaria, 25 de octubre 1949, pp. 1,3).

Los salarios diarios para los mineros adultos eran: de 2 a 3 diarios lempiras; jóvenes de 15 años devengaban 2 lempiras diarios. Los que trabajaban fuera de la mina, en los talleres o en los planteles, percibían de 1.50 lempiras (ayudantes) a 4.50 lempiras (mineros calificados). También trabajaban niños a quienes se les pagaba entre L0.75 a L1.00 diario.

No existía seguro de vejez ni de accidentes; cuando un minero quedaba incapacitado, fuera por vejez, accidente o enfermedad apenas se le otorgaba el pasaje para que regresara a su lugar de origen (Vanguardia Revolucionaria, 19 de febrero de 1949, pp. 1,2, 3).

Para finales de 1949, la Rosario Mining empleaba 1,042 trabajadores en San Juancito y 275 en El Mochito. De la primera mina había recuperado 2,275,798 onzas de mineral y de la segunda 1,083,560, por un valor de $1,646,881 y $783,772 respectivamente; el costo promedio de la onza de plata había sido de $0.44 y $0.45 en tanto que la ganancia promedio por onza de plata fue de $0.28 y $0.27 respectivamente. Había recuperado 15,287 y 661,063 onzas, con un valor de venta de $682,478 y $25,944 respectivamente. (Mueller al Departamento de Estado, 28 abril 1952, 815.25/4-25/4-2852).

Bajo los auspicios del círculo de Obreros Católicos y el patrocinio del Nuncio Papal se había inaugurado la Semana del Obrero Católico, como un obvio intento por atraer a los trabajadores bajo la influencia católica y que no estuvieran expuestos a las persuasiones comunistas.

Esta iniciativa no había sido vista favorablemente en algunos círculos gubernamentales, los que resentían la interferencia extranjera en los asuntos laborales domésticos. De hecho, reportaba el diplomático norteamericano, no gustaban de casi ninguna actividad benevolente o de otro tipo que pudiera amenazar el statu quo pasivo[3].

No obstante, el 4 de enero de 1950 aparecían publicados en el Diario Oficial La Gaceta los Estatutos de la Sociedad Acción Católica de Honduras, auspiciadora del Círculo Obrero Católico.

Los intentos por organizarse continuaron en los últimos meses de 1949 y como resultado en noviembre y diciembre de ese año se hallaban constituidos los siguientes grupos: Esfuerzo y Cultura (albañiles y carpinteros), Artes Gráficas, Pro-Mejoras Sociales, Asociación Obrera Femenina, Círculo Obrero Católico, Pro-Unificación Obrera. Gremios como los de sastres, zapateros (siendo su presidente Carlos Bernhard) y secretarias avanzaban en sus tentativas organizativas.

El siete de diciembre se había designado un comité para preparar los estatutos de una federación sindical embrionaria, a este proyecto se opusieron dos sociedades obreras, una de ellas el Círculo Obrero Católico, la que se abstuvo de participar.

La Administración Gálvez había empezado a emitir alguna legislación laboral durante ese año. Así, el decreto legislativo 96 regulaba el descanso los días domingos o el pago de doble jornal si se trabajaba ese día estableciendo la obligatoriedad de pagar los días feriados. La crítica que se le hacía al mismo era que si bien declaraba los domingos como día feriado, no obligaba a los patronos a pagarles a sus trabajadores esos días, como sí lo hacía con aquellos declarados feriado: 1° enero, 15 marzo, 14 abril, 14 julio, 15 septiembre, 12 octubre, 25 de diciembre y jueves, viernes y sábado de Semana Santa.

El PDRH, a través de su vocero, denunciaba que la Standard Fruit Co., en represalia por la emisión de dicho decreto, había empezado a realizar recortes en sus planillas, igual acción estaba llevando a cabo la Tela Railroad Co. argumentando el implantamiento de un plan de economía en la empresa.

---

[3] Bursley al Departamento de Estado, 1 agosto 1949, 815.25/4-1050, 10 abril 1950.

El 14 de marzo el Gobierno aprobaba, por Decreto 129, la Carta Interamericana de Garantías Sociales, la cual comprometía al país a incorporar a su legislación interna los compromisos adquiridos por las naciones americanas reunidas en Bogotá el año precedente.

La reforma a la Ley de Aviación contenida en el Decreto Número 108 de 1949 incluía aspectos de nacionalismo económico al estipular que ciertos puestos gerenciales debían ser ocupados por hondureños.

Ese sentimiento nacionalista fue visible por parte de diversos sectores obreros y profesionales opuestos a la concesión otorgada a la Tela Railroad Co. por la administración Gálvez para el cultivo de abacá, palma africana y cacao. El gremio de abogados, presidido por Ramón Ernesto Cruz, fue uno de los más enérgicos, no sólo denunciando las diversas exenciones otorgadas por el Estado a cambio del pago, por vez primera, del impuesto sobre la renta por parte de la empresa en un porcentaje que no excedía del 15% de sus utilidades netas, sino, a la vez, analizando en detalle, desde el punto de vista jurídico, los términos de la contrata.

1950

En febrero se informaba que la Tela Railroad estaba reduciendo su personal. Entre junio a diciembre de 1949 disminuyó su fuerza laboral de 25,800 a 23,000 asalariados ya que muchas fases del programa de construcción emprendido hacia finales de la Segunda Guerra Mundial habían sido completadas, por lo que los más afectados habían sido los trabajadores de la construcción.

(Blankinship. Al Departamento de Estado, 16 febrero 1950. Reporte Económico mensual, caja Nº 4510. Vanguardia Revolucionaria, Nº 219,17 enero 1950, p. 1).

En marzo se presentó moción para la creación de una comisión para elaborar un proyecto de ley de accidentes del trabajo. Ese proyecto era analizado por Vanguardia Revolucionaria, Nº 2331, 2 marzo 1950, p. 1., así:

"Es solamente un limitado aspecto de las garantías que debe disfrutar un obrero. Deja por fuera la organización, jornada, descanso dominical remunerado, trabajo extra, trabajo nocturno, vacaciones remuneradas, indemnizaciones por despido injusto, salario mínimo".

Para diciembre el Congreso tenía en agenda el reporte de la comisión al respecto y había elaborado legislación laboral que demandaba la creación de una Dirección General de Trabajo.

Para octubre el número de trabajadores de la Tela Railroad había aumentado, luego de la reducción de principios de año, y ascendía a 25,100. Se reportaba que los sueldos y salarios habían permanecido estables por varios años, en tanto que el costo de la vida había aumentado en un mínimo estimado en 25% y que el país estaba pasando por una recesión económica[4].

Se fundó el Sindicato de Carpinteros y fue incorporado al Comité Coordinador Obrero.

Dionisio Bejarano advirtió que la Tela Railroad había exigido al Gobierno que clausurara Vanguardia Revolucionaria.

Llegaron a Tegucigalpa los primeros ejemplares de Prisión Verde, novela escrita por Ramón Amaya Amador (Vanguardia Revolucionara, 17 de junio de 1950, p.4). Esta obra, publicada en México, había sido financiada por el gobierno guatemalteco de Juan José Arévalo.

En la Costa Norte, la Tela Railroad reclamaba como suyas tierras localizadas en las aldeas de Arena Blanca, La Mina, San Antonio de La Mina, Guacamaya, La Sarrosa, Urraco y Agua Blanca, en el distrito de El Progreso. Los campesinos allí ubicados insistían en que esos predios eran nacionales. La empresa frutera pretendía los mismos para sus cultivos de abacá, cacao y palma africana. Para principios de abril varios campesinos de Agua Blanca se encontraban presos en El Progreso.

Con fines de asistencia mutua, los obreros de La Ceiba habían organizado el Club Ceiba Social.

En Tegucigalpa había sido celebrado el Primero de Mayo por el Comité de Coordinación Obrera, integrado por delegados de las diversas entidades organizadas de la capital.

Bajo la Presidencia de la médico María Raudales Alvarado se había constituido la Asociación de Mujeres Universitarias, conformada tanto por profesionales como por estudiantes, con el propósito de promover el estudio de los problemas que la mujer cup hondureña tenía que resolver a fin de realizar una labor más efectiva en el progreso general del país.

---

[4] Mueller al Departamento de Estado, "Reporte económico mensual", octubre 1950.

El 17 de noviembre se informaba la visita del representante para América Latina de la American Federation of Labor, Serafino Romualdi, quien había visitado al Vicepresidente Julio Lozano, quien le afirmó que el Gobierno no impediría la organización de actividades de la AFL en Honduras.

Para este año la Rosario Mining empleaba 1,142 operarios en San Juancito y 299 en El Mochito. Respecto a su comportamiento laboral se reportaba por la representación diplomática estadounidense que la empresa había tenido "relaciones públicas muy malas y problemas laborales intermitentes".

En Goascorán, la Bower Mines empleó 200 mineros en 1950. Desafortunadamente, ya para finales de este año empezaban a darse fisuras y conflictos al interior del incipiente movimiento obrero. Así, la Sociedad Obrera Hondureña Augusto Bresani era atacada en estos términos:

"Nació con el fin avieso de contrarrestar la campaña que en pro de las reivindicaciones obreras realizan las sociedades que actualmente integran el Comité Coordinador Obrero... el obrero o peón que logra engancharse en los trabajos del Gobierno queda automáticamente bajo la tutela de la 'Bresani' y la renuencia a no asistir a las sesiones, involucra la inmediata cesantía (Vanguardia Revolucionaria, 11 de mayo de 1950, p.3, 30 de mayo 1950).

Estas tensiones prefiguraban, en alguna medida, aquellas, que con una mayor carga ideológica se darían durante el transcurso de la gran huelga obrera de mediados de 1954 y en los o años subsiguientes.

En el primer mes de este año se reportaba desde Tegucigalpa, por parte del Encargado de Negocios a.i. de los Estados Unidos, que Serafino Romualdi había estado en la capital a finales de 1950 entrevistándose con trabajadores, declarando que había detectado, entre algunos de ellos, pensamientos comunistas, lo que, sin embargo, era muy diferente a decir que eran comunistas en el verdadero sentido de la palabra. En la Costa Norte, las compañías bananeras afirmaban que con esa región, algunos agitadores aparecían de tiempo en tiempo pero no se había detectado un movimiento comunista bien organizado en esa región. Por su parte, el Cónsul norteamericano en San Pedro Sula afirmaba:

"Soy de la creencia que tales células no existen en Honduras y que las actividades comunistas, como tales, no existen en la Costa Norte por ahora". (Blankinship al Departamento de Estado, 13 de enero, 1951, 715.001/I-1351).

En febrero el Gobierno hondureño solicitaba un técnico de la OIT a fin de redactar legislación de carácter social.

La Tela Railroad empleaba 22,988 trabajadores para marzo en tanto que la Standard para la misma fecha, pagaba a 11,420 asalariados en sus planillas, cifras que contrastaban con sus respectivas fuerzas laborales de 21,132 y 9,762 respectivamente.

El costo de la vida había aumentado en 440, tomando como base el año 1938-39=100, tal como aparecía en el reporte mensual del Banco Central, esta alza originó amplio descontento y acusaciones de acaparamiento de granos.

Para el mes siguiente, la subida en el costo de vida llegaba a 44.2, lo que significó un incremento de 75.4 con relación a la cifra correspondiente a marzo: 365.8%. Para abril existían en Tegucigalpa los grupos Esfuerzo y Cultura, Sociedad Obrera Femenina, Sindicato de Carniceros, Pro-Mejoras Sociales, Sindicato de Zapateros, Sindicato de Carpinteros.

El 9 de ese mes el Primer Secretario de la Embajada estadounidense afirmaba que los agregados laborales argentinos habían ejercitado, hasta entonces, relativamente poca influencia sobre el obrerismo hondureño (Blankinship al Departamento de Estado, 9 de abril 1951. Despacho Número 683,815.06/4-951).

Blankinship informaba al Departamento de Estado, Despacho 4511, mayo de 1951, 815:

"Para mayo, se reportaba que si bien la comisión congresional nombrada por el Poder Legislativo presentó su informe y anteproyecto de Ley de Compensación Obrera, la Ley Reguladora del Trabajo de Mujeres y Menores, y la propuesta para que se estableciera una oficina laboral, ninguno de esos anteproyectos había sido más que apresuradamente considerado por dos o tres días poco antes del cierre de sesiones.

A medida que transcurrían las sesiones del Congreso, gradualmente llegó a ser evidente que una oposición callada pero muy tenaz existía a estas reformas... La creencia general en círculos informados es que la Administración, particularmente la figura clave, el Vicepresidente Julio Lozano concluyó que debían continuarse realizando estudios adicionales, en el campo laboral, antes de promulgar ley alguna. El Gobierno recordó la agitación laboral causada por la promulgación de la Ley de pago de vacaciones hace dos años y, aparentemente, temió que si una ley laboral no juiciosa era aprobada, se lograría más mal que bien... La verdadera oposición fue el gobierno mismo. La creencia que el Congreso, durante sus previas dos o tres sesiones en la promulgación de una Ley de Impuesto sobre la Renta, Ley de Aviación, Ley de Inquilinato, de Vacaciones, de Minería, y otra legislación básica, había ido suficientemente lejos, por el momento, no pudo ser superada...

La organización de sindicatos ha marchado muy lentamente. Solamente unos pocos de los artesanos en Tegucigalpa, y, en menor grado en San Pedro Sula, han hasta ahora intentado la organización de sociedades mutuas. En Tegucigalpa, un Comité Coordinador con representantes de varios gremios de trabajadores ha estado funcionando por cerca de dos años. El Comité Coordinador ha publicado sesenta y cuatro números de Voz Obrera, haciendo proselitismo en favor de una sindicalización más amplia y ha frecuentemente incluido artículos que son inspirados por el Comunismo. Ha alabado a Vicente Lombardo Toledano y frecuentemente seguido a la CTAL. El Secretario Coordinador tiene como Secretario General a José A. Urquía.

Existe el grupo Augusto Bressani que ha organizado escuela nocturna para adultos y actividades de carácter social: bailes, paseos. El Círculo de Obreros Católicos lo dirige Saúl Bran, pero es relativamente no influyente y ha preferido no asociarse o cooperar estrechamente con los grupos que participan con el Comité Coordinador. Los empleados bancarios y maestros se organizaron recientemente en asociaciones para proteger sus respectivos intereses. Los maestros organizaron su federación. Antonio Jáuregui y Serafino Romualdi llegaron en 1951; éste se entrevistó con algunos de los dirigentes laborales locales explorando la posibilidad de organización en Honduras y, aparentemente, concluyó que será necesario bastante trabajo para organizar al trabajador hondureño.

En la Costa Norte había ausencia de organización de los trabajadores bananeros en las áreas de la United Fruit Company y Standard Fruit. De vez en cuando algunos agitadores, ordinariamente con antecedentes radicales y, posiblemente aún comunistas, han aparecido en las fincas bananeras. No obstante, ambas compañías reportan que no ha aparecido un movimiento organizado efectivo y que, hasta hoy, los trabajadores de ambas compañías no están organizados. Algún movimiento subrepticio para organizar ciertos grupos, como los ferroviarios, es realizado ocasionalmente, pero, hasta ahora, ha carecido de fuerza cohesiva e interés requerido para el éxito.

El único ´sindicato´ en Puerto Cortés, la Sociedad Nacional de Marinos de Honduras, firmó contrato colectivo de trabajo, el 28 de marzo de 1950, con la Empresa Hondureña de Vapores, una subsidiaria de la Tela Railroad, renovándolo en 1951 por otro año. El costo de la vida, en espiral ... será,. a menos que cese, sin duda causa de creciente descontento y puede, eventualmente, ser una causa de serio disturbio. El Gobierno ha mostrado poca disposición para remediar o detener la inflación".

JUNIO. Tres ferroviarios fueron acusados de intento de robo: Efraín Garay, Emeterio Sarmiento y Leopoldo Paublanc, siendo expulsados a Guatemala; igualmente lo fueron Ramón Rosa Figueroa h., Natividad Sánchez y Antonio Fajardo, del PDRH.

El mismo mes hay una petición de aumento salarial de los empleados de TACA. La empresa respondió destituyendo a tres empleados que hacían circular la petición. Con la creación de los bancos Central y de Fomento, y el Impuesto sobre la Renta, hay nuevas fuentes de empleo de oficina y de Contabilidad.

El 29 de mayo llegó a Tegucigalpa Samuel M. Justice del Departamento de Trabajo de los Estados Unidos, para discutir con el gobierno la posibilidad de reclutar candidatos para recibir entrenamiento con esa dependencia federal, bajo el programa del Punto Cuatro.

El 20 de agosto se notificaba del "secuestro" de José A. Urquía del Comité Coordinador Obrero, supuestamente debido a que firmó y distribuyó una hoja suelta solicitándole al Presidente Gálvez respuesta a la petición solicitando permiso para reunirse, "un privilegio que le ha sido denegado hace varios meses debido a las supuestas actividades comunistas de la organización".

Para octubre se reportaba que había "una tendencia oculta de actividad comunista, pero hasta ahora no parece estar muy avanzada o fuera de control. "Aquí el desarrollo más peligroso, es sin duda, el precio rápidamente en incremento de los alimentos, que, con mucho, está superando a los sueldos y salarios. El trabajador está siendo apretujado sin misericordia y es propenso a estar más y más intratable" (Blankinship al Departamento de Estado, Despacho Número 237, 4 de octubre de 1951).

Sobre el Círculo de Obreros Católicos se le evaluaba así: "Aparentemente ha obtenido pocos o ningunos seguidores entre los trabajadores".

En San Pedro Sula se organizó la Sociedad Obrera Sampedrana en noviembre.

Respecto al alza en el costo de la vida se informaba que, de agosto 1949 a igual mes en 1951, 16 artículos de consumo diario, al detalle, habían sufrido un aumento de 36%; el arroz un 50%, el café un 125%, frijoles 54%, manteca 60%, queso 40%, papas 60[5].

Con relación a la emisión de legislación laboral, se comunicaba que el Congreso se reuniría el 5 de diciembre y se intentaría nuevamente introducir mociones al respecto, empero:

"Varios observadores competentes, incluyendo el Magistrado de la Corte Suprema, Dr. Silverio Laínez, han predecido que no se aprobarán medidas laborales extensivas. La administración muy ciertamente hará todo lo que pueda para moderar mucha legislación controversial en este momento, especialmente debido a que la legislación estableciendo códigos de trabajo ha sido usada en otros países centroamericanos como la cuña inicial para actividades izquierdistas".

Respecto a los trabajadores agrícolas, ya en 1951, un técnico de la FAO afirmaba: "Honduras confronta serios problemas de carácter social y económico. Los problemas relativos a la cuestión rural revisten caracteres de los más complejos, pero ninguno de ellos tan angustioso como los que afectan directamente a la población campesina".

Otros dos economistas calculaban que más o menos el 85% de la población trabajadora del país se dedicaba a actividades agrícolas y que del 60 al 70% de la renta nacional derivaba de estas actividades...

"Gran parte de la población agraria del país vive del producto de su escasa parcela de tierra. Son agricultores que, con rudimentarios instrumentos de trabajo, cultivan precariamente lo muy indispensable para su subsistencia. Parece increíble, pero todo incita al agricultor de este país hacia la inestabilidad.

---

[5] Shields al Departamento de Estado, 21 de noviembre 1951, Despacho Número 325.

El problema de su bajo poder adquisitivo lo arrastra a una vida casi miserable, y la falta de estímulos, de incentivos económicos, y la necesidad, lo obligan a vender anticipadamente sus cosechas. Menciona como factores adversos al campesino: dificultad de colocación de sus productos, existencia de un elevado porcentaje de monopolistas locales, altos costos de transporte, pocas facilidades de crédito, almacenamiento y conservación de granos. Como sus tierras no les rinden suficientes entradas, prefieren trabajar como peones en las industrias u obras camineras. Hay una forma de expoliación que soportan pesadamente los productores que no disponen de tierras, es decir los subidos arrendamientos que los terratenientes exigen al humilde agricultor. Sobre la forma de cobrarse los arrendamientos de la tierra, existen las más contradictorias y arbitrarias modalidades. Es caso corriente cobrar una tercera parte de la producción, o bien una cantidad fija en especie o en efectivo, por manzana. En ciertas circunstancias existen propietarios que exigen hasta el 50% de la producción, con el pretexto de proporcionarle una ayuda adicional en crédito. También se acostumbra la explotación en aparcería, que poco beneficia al agricultor, pues éste trabaja para un patrón, quien, en pago, le da tierra tan pequeña que apenas le produce lo suficiente para su sustento, debiendo además entregar una parte de los productos al dueño de la tierra". [6]

Para finales de 1951 se estimaba que los 25 aserraderos operando en el país empleaban aproximadamente 1,800 trabajadores de forma directa y 400 indirectamente en actividades conexas, tales como transportistas, pagando un sueldo promedio de L3.00 diarios, con un mínimo de L1.75 y máximo de L. 10.00 (Despacho Número 14,815.391/10-1751,17 octubre 1951).

El Programa del Punto Cuarto, establecido por el Presidente Truman en 1949 para el fomento de los pueblos poco desarrollados, con programas de ayuda técnica y ligados a la ayuda armamentista norteamericana era discutido ampliamente por el Embajador Erwin en sus implicaciones laborales, en estos términos:

---

[6] Insfran Guerrero, Gildo, La colonización y el crédito agrícola supervisado en Honduras Tegucigalpa, Banco Nacional de Fomento, 1951, pp. 4, 13-14, 16-17. (mimeo). Marrama, Vittorio y Tosco, Manuel. Estudio sobre las operaciones del crédito y almacenamiento en la zona del Valle de Comayaguin, Tegucigalpa, Banco Central de Honduras, citado por Insfran, p. 13,

"El programa del Punto Cuarto estimula a los países para que establezcan estándares laborales justos así como el desarrollo de movimientos sindicales libres como agencias de contratación colectiva...

El Punto Cuarto también será capaz de hacer trabajo útil en análisis de mercado laboral, migración, estadísticas laborales y posiblemente en asesorar con respecto al establecimiento de la oficina de trabajo. La importancia en realizar los fines del Programa del Punto Cuarto es totalmente comprendido por la Embajada y el Director en Honduras. La Embajada no sería sincera si dejara la impresión que el Programa del Punto Cuarto, aquí, puede dedicarse activamente en propaganda laboral con alguna esperanza de éxito. El alcance dentro del cual el programa del Punto Cuarto tendrá que trabajar en asuntos laborales estará circunscrito durante un largo tiempo. Si bien los participantes del Punto Cuarto no están pasando por alto la importancia del trabajo en el planeamiento total, en esta etapa, están conscientes de sus limitaciones y peligros y particularmente de la necesidad de proceder lenta y cautelosamente. Honduras está consciente de la necesidad de legislación laboral.

Durante el último año varias medidas laborales han sido aprobadas. La legislación laboral fue incluida en una revisión del Código de Minería y la Ley de Aviación; una ley de compensación del trabajador y una ley de trabajo de la mujer y el menor ha sido implementada; una oficina de trabajo va a ser establecida. Pero el desarrollo hondureño en bienestar social se compara aproximadamente con el de los Estados Unidos alrededor de principios de siglo. La ayuda que los Estados Unidos ofrece en el campo laboral debe ser calibrada a este desarrollo. El aparecer como que se está forzando legislación laboral o sindical sobre Honduras será considerado como interviniendo en la política legal.

La visita de Serafino Romualdi de la American Federation of Labor en 1950 causó miedo en círculos gubernamentales. Las actividades de los agregados laborales argentinos son resentidas por el Gobierno. La defensa abierta de los sindicatos por parte de la Embajada será recibida por el Gobierno con una frialdad que congelará la totalidad del programa de asistencia técnica... La defensa de los sindicatos y la legislación laboral por parte de la Embajada será resentida por los negocios. La sugerencia de C (9) que la gente del

Punto Cuarto urja a los negocios americanos a mejorar los niveles laborales es una propuesta espinosa.

La primera reacción de la Embajada es la de que ya que la política laboral de las empresas aún grandes en Honduras es establecida por las sedes americanas de corporaciones como la UFCO, la Standard Fruit and Steamship Co., la New York and Honduras Rosario Mining Company, la Pan American Airways y otras, sería más práctico empezar la campaña sugerida de educación en la fuente. Las minas principales en Honduras han sido establecidas sobre la base de mano de obra barata. Cada sugerencia de que los sindicatos en las minas serían una buena cosa es enfrentada con burlas y enojo.

La percepción de la Embajada sobre la necesidad de mejoramiento de la posición laboral como un contrapeso a la propaganda comunista, cuando es comunicado a las compañías privadas no es fácilmente entendido o aceptado. En tanto la Embajada tiene que trabajar con tales empresas, no puede directamente ayudar y fomentar su sindicalización. Es casi lo mismo con todas las empresas americanas aquí. Hace dos años una de las compañías fruteras despidió varios hombres por organizar el taller de mecánica.

La sugerencia de un empleado de la Embajada que la organización (laboral) podía ser deseable inmediatamente puso al consejero bajo sospecha. No hace mucho, TACA, una compañía, controlada por americanos, despidió dos empleados por agitar demandando incremento salariales...

Las compañías americanas que hacen negocios en Honduras son el espinazo de la economía hondureña, ellas pueden, con justificación, señalar que las condiciones laborales de sus empleados hondureños son mucho mejores que la de los trabajadores hondureños en general. Las compañías fruteras, las aerolíneas y las distribuidoras de petróleo todas pagan salarios más altos y brindan más beneficios laborales que los empleadores hondureños. Teniendo esto en mente, pueden honestamente afirmar que son la vanguardia con respecto a los beneficios de bienestar social y que, sin intentar moverse demasiado rápidamente, están mostrando el camino al gobierno y a las empresas locales con respecto a los beneficios de los trabajadores. Creyendo sinceramente que están benevolentemente confiriendo al trabajador hondureño ventajas y compensaciones que de otra manera no recibiría, estas empresas podrían con justificación objetar a los intentos gratuitos de empleados del Gobierno de los Estados Unidos por adelantar rápidamente mejoramientos sociales ya que estas empresas fuertemente sienten que el obrerismo hondureño aún no está preparado"[7].

Estas apreciaciones de Erwin revelaban que no estaba dispuesto a ejercer su influencia para que las empresas norteamericanas en Honduras alteraran sus políticas laborales tradicionales.

1953

Evaluando a Carías, un funcionario del Departamento de Estado (Gordon S. Reid de la Office of Middle American Affairs), afirmaba:

"Reinó como un tirano beneficioso y austero por diez y seis años. Su régimen trajo ciertos beneficios al pais que cayeron en dos categorías principales: paz política y rehabilitación financiera... Sin embargo, el costo para Honduras de su régimen fue no solamente la pérdida de los derechos civiles para toda la población sino también el cierre del país al progreso y desarrollo.

Hasta 1943, Carías no construyó caminos, mantuvo su programa de bienestar social al nivel más bajo posible y vivió principalmente de ganancias derivadas de acuerdos anuales con la United Fruit Company, la Standard Fruit Company y la New York & Honduras Rosario Mining Company.

Es mi opinión personal que parte del problema ahora enfrentando a las compañías americanas surgió del sentimiento de seguridad y estabilidad resultante de las políticas de Carías. Ellas se calmaron en la creencia de que Honduras nunca cambiaría y que sus actividades estaban por encima del reproche... Este ´paraíso fue por tanto, engañoso y nuestra embajada durante esos años no hizo nada para mirar por debajo de la superficie".

Se puede presentar la hipótesis que el descuido, cuando no la persecución implantada por la Administración Carías, hizo que la problemática social fuera profundizándose sin que existieran canales legales e institucionales que permitieran encontrar cauces y soluciones al conflicto social, que, lejos de desaparecer, fue

---

[7] John D. Stany, William Z. ed. Erwin al Departamento de Estado, 24 abril 1952. Despacho Confidencial P 650, en: Foreign Relations of the United States, 1952-1954, Vol. IV, The American Republics. Washington, Gobernment Printing Office. 1983, pp. 1292-1295.

progresivamente incrementándose, haciendo crisis en el histórico 1954.

Continuaba así el análisis escrito por Reid:

"Al presente el ´paraíso´ ha desaparecido… si el nacionalismo económico ha crecido en Honduras durante los últimos cuatro años, no es algo inesperado de un país que por diez y seis años se encontró a merced del régimen de Carías y de even arreglos especiales con compañías americanas, es de esperarse que confunda permiso con libertad... Si bien las compañías americanas se han quejado de que el tratamiento que reciben no es tan bueno como bajo Carías, sin embargo sus ganancias indican que no están sufriendo tan amargamente como quisieran hacerle creer al público... Si uno cree que un ´paraíso´ no es posible en Honduras al presente, es necesario pensar hacia adelante sobre lo que puede ocurrirle próximamente al país. En mi opinión, Honduras se está despertando de un largo sueño y está empezando a entender de que tiene potencialidades aún no explotadas. Estoy temeroso de las debilidades del Ministro de Relaciones Exteriores y sus tendencias generales a creer que uno puede vivir con el comunismo sobre una base igual. Por lo tanto, llego a la conclusión que la tarea para los Estados Unidos es proteger a nuestros ciudadanos del nacionalismo económico, la infiltración comunista en la forma de hombres e ideas, y, finalmente, predicar la importancia de enfatizar que Honduras es parte de un área de mayor interés para los Estados Unidos donde el comunismo debe ser enfrentado y do derrotado".

El tono de este largo análisis reflejaba un enfoque distinto al implemento por Erwin durante su larga permanencia como Embajador. Se percataban los funcionarios del Departamento de Estado que la problemática social hondureña estaba creciendo en complejidad y que, consecuentemente, la política oficial norteamericana hacia este país debía adaptarse a circunstancias cambiantes. La dictadura de Carías no había logrado, vía imposición, hacer desaparecer la dinámica y tensiones en las relaciones inter-clases y entre las empresas extranjeras y el Estado. La apertura democrática iniciada por Gálvez posibilitó su resurgimiento. Por otro lado, una actitud más enérgica y militante contra lo que se percibía como el peligro comunista, por una parte, y la emergencia de una conciencia nacionalista por otra.

El reto, desde el punto de vista oficial norteamericano, se hacía complejo, al insertarle dentro de los rígidos esquemas de la Guerra Fría, con sus planteamientos esquemáticos de amigos y enemigos y las alianzas entre aliados, no siempre de igual poder y recursos para enfrentar a los rivales ideológico-políticos. De allí que se imponían nuevos enfoques, más analíticos, sobre la realidad hondureña a fin de poder adoptar estrategias acordes con una realidad fluida y crecientemente vinculada a factores ideológicos internacionales.

Dentro de ese contexto Honduras formaba parte de un eslabón en una cadena compleja.

Los esfuerzos por captarse la lealtad y simpatías de grupos obreros contaron con un tercer interlocutor: la Argentina de Perón. Es así que se reportaba el viaje de siete líderes obreros hondureños hacia Buenos Aires en los últimos cinco meses, con gastos pagados por el gobierno Justicialista. El Congreso había aprobado la Ley de Accidentes de Trabajo, la Ley de Trabajo de Menores y Mujeres, el Reglamento de Medidas Preventivas de Accidentes de Trabajo, el Reglamento de la Dirección General del Trabajo y Previsión Social y de las Inspectorías Generales del Trabajo. Como órgano dependiente de la Secretaría de Fomento y Trabajo se creó la Dirección General de Trabajo y Previsión Social (Decreto N° 63).

Se intentó, sin éxito, organizar una federación de asociaciones femeninas de todo el país. Para septiembre los maestros amenazaban con ir a la huelga de no concedérseles aumento salarial en el orden del 50%. Hacia finales de noviembre el Embajador Erwin reportaba que el Jefe del Departamento de Organización y Publicidad de la ORIT, Arturo Jáuregui, informaba que en su reciente visita a Tegucigalpa había encontrado que los funcionarios gubernamentales se mostraban apáticos hacia esa organización laboral.

Jáuregui había manifestado que el objeto de su visita era ofrecer y poner a disposición las facilidades de la ORIT, así como sus organizaciones asociadas, a funcionarios laborales hondureños con el fin de implementar técnicas organizacionales democráticas de trabajo y conocimiento de las mismas con el propósito de cultivar el campo como preventivo contra la agitación laboral comunista.

Este despacho es revelador ya que muestra que las autoridades hondureñas no se percataban y/o mostraban antipatía respecto a la emergencia de nuevos reclamos, planteamientos e intereses en la estructura social nacional. De hecho se puede postular que la

Administración Gálvez practicaba dos tipos de políticas con respecto al obrerismo: una de tolerancia en la región central y otra de hostilidad en la zona norte. Aquí, donde se aglutinan las más importantes concentraciones de obreros asalariados del pais, se reprime sistemáticamente cualquier intento de asociaciones, de organización sindical por parte de los obreros que laboran en las empresas bananeras.

La dualidad en la política obrera de Gálvez es explicada por un sociólogo ubicándola como resultado de la escasa integración física del país y a una tenue e inexistente integración del mercado nacional lo que se expresa en una precaria integración política de todas las regiones del país al Estado Nacional, provocando un manifiesto predominio de formas de poder local o regional... Tales rasgos estructurales permiten a las compañías bananeras actuar todopoderosamente en el área que cubren sus plantaciones.

Por otra parte conviene no olvidar la poderosa influencia de las compañías bananeras... Sobre el aparato de dominación social. Su influencia en la política estatal es tan determinante que lleva a Medardo Mejía a acuñar la frase: ´Un estado dentro de una compañía´, refiriéndose sobre todo a la influencia de la Tela Railroad Co. sobre el Estado hondureño".[8]

Para finales de 1952 así era resumida la situación social nacional:

"El hondureño promedio es pobre. Su ingreso es de alrededor de \$120 al año, o menos si vive en áreas rurales. Las posibilidades son 6 ó 10 de que no sabe leer ni escribir y, aún si está alfabetizado, es infrecuente que haya aprobado más allá del tercer grado. En áreas rurales, solamente 35% de los niños en el grupo de edad de 7 a 14 años puede leer y escribir. Estos solamente pueden leer los materiales más sencillos... de los 1,468 maestros rurales, solamente 123 tienen certificados o títulos; el resto son empíricos... Sólo hay tres millas de carretera pavimentada en el país... Solamente existen alrededor de 75 millas de carreteras públicas. La compañías fruteras mantienen redes privadas de ferrocarril entre los puertos y sus plantaciones, pero, excepto por bananos, no tienen significado económico general. Solamente en aviación puede el transporte en Honduras ser considerado algo adecuado... puede ser justo afirmar que el desarrollo económico en completa escala no puede ser totalmente logrado hasta

---

[8] Posas, Mario. Luchas del movimiento obrero hondureño. San José, EDUCA, p.124.

que esté disponible mucho más y mejor transporte... Un problema básico es la falta de personal entrenado" (Hummel, J.L. Director de Cooperación Técnica, 3 de diciembre 1952, 815. TA/12-3052).

La situación del empleo en Honduras era ilustrada con estas cifras (Shields al Departamento de Estado, 4 de diciembre 1952, Despacho 266, caja 4511):

EMPLEADOR	PERIODO	EMPLEADOS
United Fruit Co.	Octubre 1952	27.721
Standard Fruit Co.	Septiembre 1952	12.657
New York & Honduras	********	******
Rosario Mining	Octubre 1952	1.141
Gobierno Hondureño	Julio 1952	6.000
Ferrocarril Nacional	Junio 1952	549

Por acuerdo N° 2255 se anuló el Acuerdo N° 1724 que establecía el Reglamento de la Dirección General de Trabajo y Previsión Social, La razón que ofrecía la representación diplomática norteamericana era que el Presupuesto hubiera tenido que ser aumentado en grandes cantidades en cada departamento, ya que el gobierno mismo rara vez cumple con el salario mínimo de L1.0042.

1953

Se disolvió el Comité Coordinador Obrero y en su lugar se fundó el Comité de Unidad Sindical (CUS). Su órgano de publicidad sería Carta Sindical. El portavoz del CCO Voz Obrera, cuyas consignas estaban orientadas a la lucha por obtener el reconocimiento de la libertad de sindicalización, la emisión del Código de Trabajo y la fundación del Instituto de Seguridad Social, fue clausurado hacia finales de 1953, por la acción represiva del gobierno.

Su director, Rodolfo López, fue procesado. También fue detenido arbitrariamente José Urquía, del Comité Coordinador Obrero. Fácil es suponer que detrás de esta medida represiva del gobierno, debía existir alguna presión de la Tela Railroad Co., si tomamos en cuenta que el período en mención se había convertido, como lo fue Vanguardia Revolucionaria hasta 1950, en una tribuna en que se señalaban constantemente los atropellos de que era objeto el proletariado de las plantaciones bananeras. Conviene concederle a Voz Obrera vital importancia organizativa en el desarrollo del movimiento obrero hondureño.

En las zonas bananeras, según parece, su circulación era amplia, pero más o menos clandestina. Sus redactores, muchos de ellos residentes en las zonas bananeras (escribían usualmente bajo seudónimos), eran perseguidos y el periódico requisado siempre que fuera posible... cubría una amplia gama de noticias internacionales relativas a los progresos y eventos importantes del movimiento obrero internacional, denuncias locales y una serie sostenida de artículos y declaraciones que pretendían orientar a las masas obreras sobre la necesidad de la organización y la presión para lograr el derecho a la libre sindicalización y la emisión de un Código de Trabajo, el periódico en sí, por su carácter, por el simple hecho de su distribución, se convierte en un factor organizativo de vital importancia".

Para septiembre se reportaba que la Federación Hondureña de Maestros, organizada en 1950 y dirigida por el Prof. Octasiano Valerio, obtuvo un 50% de aumentos salariales para los maestros de escuelas primarias de Tegucigalpa, en respuesta a la petición presentada al Ministerio de Educación el 27 de agosto, habiendo amenazado con convocar a una huelga general para el 7 de septiembre si su demanda no era satisfecha para el 5; fueron apoyados por las asociaciones de padres de familia y el aumento salarial fue financiado por el gobierno y la Municipalidad. Los maestros de San Pedro Sula habían presentado similar solicitud.

En diciembre la empresa minera New Idria, que explotaba la mina de San Andrés, en Copán, la segunda en importancia en la extracción de oro, cerró operaciones, aparentemente debido a que las dificultades en el transporte hacía demasiado costosas sus operaciones. La razón expuesta para el cierre fue la no rentabilidad y la baja calidad del minerals. Durante este año fue emitido el Reglamento de la Dirección General del Trabajo y Previsión Social y de las Inspectorías Generales de Trabajo.

En estos términos se resumía la condición laboral hacia finales de año:

"La situación laboral en Honduras permaneció relativamente estable o estancada durante 1953, sin cambios significativos en las relaciones obrero-patronales y se prestó poca atención legislativa al trabajador y su estatus. Debido al estatus generalmente satisfactorio de la economía y al aumento en la actividad comercial, el número de trabajadores en las pocas industrias manufactureras d probablemente aumentó ligeramente así como el número de personas empleadas en el transporte... tal vez la acción de desarrollo legislativo en el campo laboral fue un decreto aprobado a principios de año, otorgando beneficios de pensión para ciertas clases limitadas de empleados gubernamentales. Este decreto es considerado significativo como posible paso en la dirección de legislación en seguridad social más efectiva en el futuro... En Tegucigalpa, el índice del costo de la vida para familias de bajos ingresos aumentó 7% durante el año y, a falta de aumentos generales en los salarios, es posible que hubo una ligera disminución en los niveles de vida" (Warner al Departamento de Estado, Despacho N° 158, Revisión económica y Financiera, Honduras, 1953, 14 octubre 1954, 815.00/10-1454).

Para finalizar este capítulo puede observarse que la política laboral de Gálvez, hasta 1953, estuvo signada por un enfoque gradual pero sostenido que se reflejó en la legislación emitida por el Congreso. Empero, la aplicación plena y a nivel nacional de estas leyes laborales contaron en la práctica, con la resistencia efectiva de las empresas extranjeras con inversiones en Honduras.

El auge económico de postguerra benefició al sector exportador, nacional y extranjero, pero el costo de vida aumentó con los consiguientes efectos para los sectores asalariados, cuyo poder real de compra se vio reducido.

La tendencia general en estos cinco años fue hacia la organización por parte de distintos sectores laborales que fueron superando aquella de tipo gremial para evolucionar hacia la sindical. En la zona central, por las razones ya expuestas, fue más visible este proceso que en el enclave bananero. Aquí, hubo que esperar a los acontecimientos que tuvieron lugar en el histórico año de 1954.

CAPÍTULO III: LAS CAUSAS DE LOS CONFLICTOS LABORALES DE 1954

Tanto los contemporáneos como los estudiosos posteriores se han preguntado las razones y causales que condujeron a miles de asalariados a abandonar sus puestos de trabajo y declararse en huelga en un movimiento que abarcó tanto a la zona norte como central del país. ¿Obedecieron a causas locales y específicas? ¿A motivaciones ideológicas y políticas? ¿A instigaciones de un partido político? ¿A la acción subversiva de una nación extranjera? ¿O fue una combinación diversa de factores endógenos y exógenos o solamente factores internos?

Iniciaremos con los puntos de vista que expusieron los coctáneos a los acontecimientos aquí descritos. Muchos de sus análisis poseen un alto grado de lucidez y familiaridad con las razones que produjeron esa eclosión social. Un sofisticado análisis relacionaba variables de carácter económico, vinculando la creciente pobreza en el nivel de vida con el aumento de la circulación monetaria y relacionando la carestía de la vida con el aumento del dinero en circulación. La consecuencia había sido la inflación.

Esta, a su vez, se debía a la deficiente política monetaria en práctica, pues se ha emitido tal cantidad de billetes que sobrepa- san las necesidades reales de la economía nacional... Sí hay bonanza y prosperidad nacional, pero para un sector reducido del país: los grandes especuladores, los banqueros, los prestamistas usureros, las compañías extranjeras, los industriales ligados a los intereses de estas compañías. Los industriales favorecidos por la inflación rebajan sus costos y el salario real y nominal de sus trabajadores. Las empresas extranjeras son a quienes la inflación beneficia en grado máximo, pues sus cuotas medianas de ganancia la aumentan a costa del empobrecimiento de sus laborantes.

El articulista Exequiel Escoto ofrecía, en El Pueblo del 24 de mayo de 1954, tres hipótesis: (1). Que la huelga haya sido promovida por una fracción política que ya entrevé el fracaso eleccionario. 2) Que elementos extranjeros estén soliviantando los ánimos de los trabajadores contra las compañías del Norte. 3). Que los trabajadores, forzados por el alza de la vida se vean obligados a protestar por sus salarios.

Desde El Progreso un analista ofrecía esta explicación:

47

"Estallido de protestas, contagio de indignación popular, reguero de rebeldías... no parece otra cosa que la explosión de tantos sentimientos reprimidos, de tantas aspiraciones fallidas y de tantos anhelos frustrados. Ni el Gobierno de la República ni las Empresas que operan en la Costa Norte han dedicado la atención que merece las condiciones de vida de esa sufrida pero no resignada gente. Un burócrata enriquecido o un alto empleado de las Empresas no comprenden, no conciben, que esos humildes peones, sobre cuyos hombres se han amasado fortunas fabulosas tengan otra aspiración que la de echarse a descansar en una tarima cuando regresan del agotador trabajo. ¡Cuánta equivocación! Se hace imprescindible el establecimiento de un salario mínimo compatible con una vida decorosa. Los altos y medianos empleados de la Frutera, en términos generales, no ganan malos sueldos si se los compara con los de la peonada, cuyos jornales están por debajo del mínimun vital".

Un periodista norteamericano ofrecía este análisis:

"Buscando desatinadamente una explicación de por qué esos pacíficos trabajadores se han levantado en protesta por los salarios y los procedimientos de la Compañía, los defensores de ésta han tratado de presentar la huelga como el resultado de la agitación comunista. Algunos han dicho que los izquierdistas guatemaltecos son los que la han instigado. Pero cualquiera que haya estado en la región huelguística, que haya visto la organización de la huelga y las condiciones bajo las cuales se han mantenido, sabe que el hambre, las malas condiciones de vida y el arbitrario dominio de los patrones sobre los trabajadores, son las razones de esta revolución en las plantaciones bananeras, y no los comunistas. Lo único sorprendente que tiene esta huelga es que no haya comenzado hace veinte años. Y ello se debe probablemente a la agobiadora tiranía de Tiburcio Carías que felizmente ya terminó, y al aislamiento de los campos bananeros de los centros industriales... Lo que ha hecho la Compañía es no ver lo que era evidente. No podía o no quería admitir que, a la postre, los trabajadores desearían tener voz en sus propios asuntos. No supo reconocer que había llegado el momento de que los representantes de la Compañía se sentaran y discutieran los problemas laborales con los obreros en vez de decidir ella arbitrariamente".[9]

---

[9] Reportaje de Harry Wallace reproducido en El Pueblo, 28 de junio de 1954, pp. 1,4.

Para un periódico capitalino (El Chilío, 29 de mayo 29 de mayo de 1954, número 261, p. 12), las razones explicativas eran estas:

"Sobre todo, lo que ha posibilitado la huelga es el bajísimo nivel de vida que se vive en los campos bananeros, su falta de derechos sociales, su indefensión ante los poderosos, su terrible opresión".

Otra publicación periódica tegucigalpense, El Día, en su página 3 del 12 de mayo de 1954, encontraba causales económicas:

"El precio de los artículos de consumo, nacionales y extranjeros, ha subido exageradamente en los últimos cuatro años en tanto que los salarios han permanecido sin alteración durante ese tiempo, registrándose por ello desequilibrios en los presupuestos familiares de los trabajadores. No estamos bien documentados respecto al standard de vida de los trabajadores de la Costa Norte. Pero es de suponer que ha bajado mucho con el alza inusitada del precio de los artículos de consumo".

En el pliego de peticiones presentado por los asalariados a la Tela Railroad Co., uno de los considerandos exponía:

"Que en los últimos tiempos se ha elevado considerablemente el costo de la vida. Que mientras se eleva el costo de la vida, los salarios que devengamos no solamente permanecen congelados sino que por la misma desvalorización de nuestra moneda, tienden a disminuir reduciendo en en forma alarmante nuestro poder adquisitivo; las pésimas condiciones en que nos vemos obligados a trabajar".

Estudiosos de esta problemática social también han ahondado en las razones que impulsaron a miles de asalariados a recurrir a esta forma de protesta.

Richard Allen LaBarge sostiene:

"La Tela Railroad Company condujo sus relaciones laborales exclusivamente por medio de los supervisores a cargo directo de cada trabajo. Casi no hubo supervisión ejecutiva mientras la producción de calidad apropiada, llegara a su tiempo. Las quejas eran resueltas por el supervisor inmediato del trabajador quejoso. La mayoría de los problemas nunca llegaron a los oídos de los administradores ejecutivos porque los trabajadores temían, y con razón, que el pasar por encima de sus supervisores, inmediatos eventualmente les costaría su trabajo. En efecto, la gerencia agravó sus problemas al mandar a sus empleados más imprudentes a la División de Honduras, donde parecía innecesario el trato cortés del trabajador común. En los círculos de la Compañía se decía que si botaban a un empleado de

Guatemala, Costa Rica o Panamá, siempre le podían dar trabajo en Honduras. A su favor la mayoría del personal ejecutivo de la Tela Railroad Company está dispuesto a admitir las deficiencias de su política laboral (o su inexistencia) antes de mayo de 1954. Como lo expresó uno de los Superintendentes: 'No puedo culpar a esta gente. Nosotros provocamos la huelga, pero nadie creyó que ellos pudieran hacerlo".

Para Mario Posas, otro especialista en los movimientos populares nacionales, una conjugación de causales deben ser analizados, tanto de carácter económico-social como políticos. Para él, uno de ellos, fundamental, son las condiciones económicas y sociales, coyunturales, al estallido de la huelga: el alza creciente del costo de vida, la subida de los precios de artículos de primera necesidad en la dieta de los obreros, los malos tratos en los centros de trabajo y otros problemas vinculados a cuestiones higiénicas, educativas y médico hospitalarias...

La relación entre los salarios devengados y el aumento de los precios muestran un precario y desigual equilibrio. No resulta difícil suponer una tendencia al alza de los precios de los artículos de consumo básico, un creciente aumento del costo de la vida; lo que sí resulta dudoso es la existencia de aumentos salariales en el período precedente".

Paradójicamente, los relativamente bajos salarios devengados por los trabajadores, tomando en cuenta el alza en el costo de vida, particularmente en la Costa Norte, contrastaban con las ganancias obtenidas por las empresas fruteras. De acuerdo a LaBarge, las condiciones de operación de la United Fruit Co. en Honduras fueron consideradas entre las más favorables del istmo, lo que explica que la tasa neta de reinversión en nuestro país haya sido, en este período, una de las más altas, sólo superada por Panamá. La reinversión de ganancias alcanzó en Honduras un promedio de 53.5 centavos de dólar... Durante el período comprendido entre 1946 y 1953, las ganancias netas anuales alcanzaron su punto máximo en 1947 ($18.3 millones) y su punto mínimo en 1952 (8.2 millones de dólares). En estos ocho años (1946-1953), las ganancias netas alcanzaron el monto de 104.5 millones de dólares, cifra que representa el porcentaje de retorno de ganancias más alto del istmo (33.4%) y el mayor en términos absolutos.

Para Mario Posas, especialista en temas del Comunismo, el atribuír a esta ideología la causal de los movimientos de masas de 1954 es incorrecto:

"Esta huelga la han presentado algunos como la consecuencia y el producto de las instigaciones rojas exclusivamente, desde su iniciación hasta el final, más semejante explicación es tan simplista como disparatada, característica de quienes sólo ven los problemas sociales de un modo simplista y le atribuyen al comunismo, por el hecho de haberse convertido en una amenaza universal, todos los males con que nació la humanidad. El mayor servicio que puede prestarse a los comunistas y la mejor contribución que puede otorgarse a la ilusión de su invencibilidad que tan asiduamente fomenta, es interpretar de tal modo los hechos".

Mario Posas no niega que esa ideología jugó algún papel tanto en el desarrollo del movimiento obrero y en la gestión de la huelga. Otras causales fueron la explotación del trabajo, la resistencia de los patronos a reconocer las organizaciones de trabajadores, la sistemática negación de los mismos a satisfacer sus legítimas y justificadas demandas y la inevitable explotación roja de todas las fuentes de descontento popular.

Un destacado dirigente en la huelga de los asalariados de la Tela Railroad CO, concretamente en el sector de El Progreso, César Augusto Coto, justificaba la lucha emprendida en estos términos:

"Luchamos por la reglamentación de todos los compromisos internacionales suscritos por los gobiernos de Honduras favorables a la libre determinación de nuestros pueblos, por un código de trabajo, por un Instituto de Seguridad Social, por la libre sindicalización, por la libertad de expresión de la prensa obrera".

Habiendo hecho una revisión de los móviles que produjeron esa hazaña, debemos preguntarnos respecto a sus autores. ¿Fue una vanguardia política, homogénea en cuanto a sus móviles ideológicos, de común acuerdo respecto a las estrategias a implementar, la que provocó esta eclosión? ¿O, por el contrario, fue la masa la que desempeñó el papel protagónico y directriz? Oigamos a un contemporáneo, quien posteriormente analizaría los hechos, tanto en forma ensayística como narrativa:

"El Comité de Lucha Obrera, que desde San Pedro Sula dirigían los comunistas, mantenían organizaciones clandestinas en esta zona (El Progreso) y venían preparando con anticipación un movimiento reivindicador para mejorar los salarios y condiciones de trabajo de los obreros agrícolas e intentar la conquista de la libertad sindical que era una demanda muy sentida por los trabajadores de todo el país. Proyectaba una serie de paros parciales que irían escalonados en coordinada sucesión. Era esto lo que los "Campeños" llamaban el "rosario", pues sería una cadena de huelgas chicas hasta llegar a la huelga general. No obstante, este plan se realizó en sus comienzos, pues los trabajadores, ahitos de hambre y de sufrimiento y entusiasmados por la celebración del primero de mayo, se lanzaron de una vez al movimientom general casi de manera simultánea" (Ramón Amaya Amador citado por Mario Posas).

Uno de los fundadores del Partido Comunista de Honduras en su tercera etapa, (Dionisio Ramos Bejarano), protagonista de la huelga bananera en El Progreso, sostiene que la decisión de ir al paro indefinido de labores correspondió, de manera espontánea, a los trabajadores y que no fue una acción deliberada de los militantes; por el contrario, la iniciativa en la declaratoria fue adoptada por los participantes en la concentración realizada el 3 de mayo en el parque de la ciudad de El Progreso.

Ese carácter espontáneo está en contraposición con la propaganda norteamericana de la época que presentaba un vínculo directo entre el régimen del Coronel Jacobo Arbenz en Guatemala y los acontecimientos que. se realizaban en las plantaciones bananeras del septentrión hondureño. Este aspecto será analizado con detalle en el capítulo que hemos llamado la dimensión internacional.

Si la afirmación hecha por Ramos Bejarano es válida, debe descartarse un plan preconcebido como el motor que echó a andar ese gigantesco movimiento de miles de hondureños en paro; sería entonces una auténtica rebelión de las masas, guardando un orden y disciplina admirables, la que catapultó los sucesos y le brindó su propia dinámica.

Los dirigentes comunistas locales, que habían sido o eran empleados de la Tela Railroad Co. (Ramos Bejarano, Rigoberto Padilla Rush, Coto, Nicolás Urbina, Ventura Ramos, Francisco Ríos, entre otros), desempeñaron un papel muy importante, como organizadores y propagandistas, en la primera etapa del movimiento huelguístico, esto es, mientras fungió el primer Comité Central de Huelga. Deliberadamente, ejercieron un bajo perfil que, no por ello, dejó de ser influyente.

Como dice un historiador hondureño (Rodolfo Pastor Fasquelle en Biografía de San Pedro Sula 1536-1954), debido a que los comunistas habían jugado su carta con discreción y responsabilidad, ante la opinión pública más amplia, nacional e internacional, la idea de la huelga misma se legitimó como instrumento gremial de reivindicación social. En adelante, las huelgas no podrían ser automáticamente reprimidas, porque nadie se iba a tragar el cuento de que eran sólo y necesariamente resultado de una agitación "comunista".

También no debemos olvidar el hecho que, pese a ser defenestrado el primer Comité Central de Huelga, ésta continuó por varias semanas más, a pesar de estar sus sucesores en la conducción del movimiento más proclives a llegar a un entendimiento en términos favorables a la Tela Railroad Co.

No sólo la inflexibilidad inicial de la empresa motivó la prolongación del conflicto laboral, sino, además, la presión de las bases, que no estaban dispuestas a lograr un acuerdo en términos tan modestos como los obtenidos por la dirigencia de sus colegas laborantes en la Standard Fruit Co. Así, la influencia colectiva se hacía sentir al momento en que la nueva dirigencia intentara llegar a un arreglo. Los huelguistas no eran una masa amorfa, fácilmente manipulable; por el contrario, poseían un alto grado de conciencia de clase, logrado no sólo por las condiciones concretas de trabajo y de existencia, sino, además, por la labor orientadora de Vanguardia Revolucionaria cuyo contenido era leído y comentado por los proletarios agrícolas.

CAPÍTULO IV: PRESAGIOS DE TORMENTA
MARZO

MARZO: La Standard Fruit evitó una huelga el 21 de marzo acordando pagar tiempo y medio a los muelleros, cantidad que ya estaba siendo pagada por la United Fruit cuyos trabajadores demandaban pago doble por trabajar domingos y días feriados.

ABRIL 26: La United Fruit Co., reporta estallido de violencia en gran escala en Puerto Cortés, provocado por destitución y negativa a volver a emplear al trabajador Rafael García, vocero de los muelleros. La totalidad de los 500 muelleros abandonaron sus labores el 26 de abril, mientras cargaban 60,000 racimos en el barco Esparta. Unos 200 trabajadores dispuestos a volver a sus labores esta mañana pero fueron impedidos por la mayoría...

27: El Presidente Gálvez envió hoy al Ministro de Gobernación Inestroza. El Sub-Secretario de Relaciones, Arriaga, atribuye el problema a la proximidad de Puerto Cortés con Guatemala. Paros en El Progreso por parte de los trabajadores del Departamento de Construcción, los que se van al paro indefinido en protesta por la intervención de la Tela Railroad al imponer contratos de trabajo.

28: Los trabajadores del Departamento de Ingeniería se solidarizan con los de Construcción y presentan un pliego de peticiones que es rechazado por la empresa.

29: Se reporta que en Puerto Cortés regresaron a trabajar, "situación explosiva pero calma en la superficie".

30: "Rumores persistentes acerca de una inminente huelga general en la Costa Norte".

EL ESTALLIDO
(MAYO)

1: En El Progreso es celebrado el Día Internacional del Trabajo. Salen del Parque Ramón Rosa 500 trabajadores a los que gradualmente se unen muchos más, hasta alcanzar 10,000 manifestantes. Se aprovecha la coyuntura para declarar el paro indefinido y el inicio de la huelga, leyéndose un comunicado por parte de Miguel Toro. Ese día y el domingo dos, delegados obreros visitan los campos bananeros a fin de que sus compañeros se sumen al movimiento. Dato proporcionado por Agapito Robleda Castro en enero de 1994.

2: Avión militar guatemalteco aterrizó en Puerto Cortés el día anterior, sin solicitar permiso para tal efecto, al registrarlo, se encontró un mapa de las propiedades de la United Fruit en Honduras, con números, posiblemente indicando células comunistas. El Cónsul guatemalteco arrestado e incomunicado (Coerr al Departamento de Estado, 2 de mayo 1954, telegrama Número 272).

3: Los campeños laborantes en las fincas bananeras se solidarizan con los huelguistas, marchando a El Progreso, donde se paralizan las actividades incluyendo el movimiento de trenes y motocarros. "Los huelguistas están aumentando su número en la División de Tela, caminando sobre la línea férrea", señala diario La Época el 7 de mayo.

La United Fruit Co. reporta huelga total en la División de Tela, aproximadamente 50% de sus operaciones en Honduras. Guatemala justifica la visita del avión de ese país a Puerto Cortés por miedo del gobierno guatemalteco de un ataque inminente de Castillo Armas desde Honduras.

La huelga empezó en Urraco, El Progreso y Bataan, se extendió a Tela, paralizándose el puerto.

5: El gobierno hondureño anunció la cancelación del exequator del Consul guatemalteco en Puerto Cortés y el Cónsul General de San Pedro Sula, por "fomentar ideas contrarias al gobierno democrático hondureño y perjudiciales al orden público". Circuló un manifiesto en hoja volante, por parte de los huelguistas, firmado por el Primer Comité, indicando que la huelga es apolítica y es motivada por las pobres condiciones de trabajo. Se estima que 14,000 trabajadores de la United Fruit Co. en la Costa Norte están en huelga general demandando 50% de incremento salarial sobre la base y una respuesta por parte de la empresa en 48 horas; rehusa arbitraje por treinta días como sugiere la Compañía frutera. Las operaciones de la United paralizadas; las comunicaciones inalámbricas con El Progreso cortadas por los huelguistas. Los comandantes de Armas en Tela, Cortés, La Ceiba, El Progreso, urgentemente solicitan refuerzos al Presidente de la República. Un pequeño contingente llegó a San Pedro Sula el día 6. Se reporta que Carías ha aconsejado a Gálvez que esté dispuesto a conferenciar y cooperar. Cien soldados enviados a La Lima y otros cien a El Progreso. El Ministro de Gobernación, Juan

Antonio Inestroza, recomienda al Presidente Gálvez declarar la ley marcial. Paralizado Puerto Cortés.

6: La United Fruit reporta el paro de operaciones, prácticamente completo, en la Costa Norte, incluyendo trenes y comisariatos...Tres aviones de carga salen de Tegucigalpa esta tarde... La United Fruit cree que al presente las negociaciones son imposible; tropas la única respuesta.

Paralizado Battan. Cortada toda comunicación entre Tela y El Progreso. La Asociación Obrera Femenina se solidariza con los huelguistas. Desde San Pedro Sula, el Director de la revista En Marcha, Martin Baide Galindo, envía mensaje al diario La Época: "El Consejo Liberal de ésta, en hojas volantes, acusa sin prueba alguna, que el Partido Nacional está instigando a los trabajadores bananeros declararse en huelga, para hacer responsable al Liberalismo (sic) de cuanto pueda acontecer. Después que agitaron a las masas con falsas promesas hoy asústanse de su obra. En nombre del Nacionalismo rechazamos esa acusación" (La Época, 7 de mayo de 1954).

La United Fruit Co. reporta que esta tarde una huelga general paralizó las operaciones de la Standard en Honduras. En reconocimiento aéreo que hizo Wymberley de R. Coerr, Primer Secretario de la Embajada, sobre la Costa Norte, reportó que calculaba unos 300 trabajadores y 75 soldados estaban reunidos en el parque central de El Progreso; en La Lima, el campo de aviación de la empresa está vacío, lo mismo el área administrativa. La Cervecería esta vacía; en Tela, dos barcos están anclados en el muelle, el área administrativa esta vacía; 800 huelguistas reunidos en el campo deportivo, 80 soldados en el campo de aviación, en Puerto Cortés, cuatro barcos están anclados fuera del muelle y cuatro en el muelle, el área administrativa de la empresa, el campo deportivo y el aeropuerto vacíos... El Comandante de San Pedro Sula, Coronel Flores, enfatiza el orden y la disciplina demostradas por los huelguistas en El Progreso y La Lima. Hasta la fecha no hay violencia de ningún tipo. Los trabajadores están desarmados y tratables. El Ministro Inestroza y el General Zúniga están negociando en El Progreso, tratarán de llegar a un arreglo en esa área para luego desplazarse a Tela o La Lima.

En Tegucigalpa, 200 trabajadores y estudiantes universitarios proclaman su apoyo a la huelga y están colectando fondos. El Ministro Valenzuela dijo que la corriente Liberal que sigue a Villeda

Morales está activa fomentando problemas laborales; sostuvo que el gobierno guatemalteco provocaría y se beneficiaría del derramamiento de sangre de trabajadores hondureños. En Tegucigalpa, los estudiantes, especialmente los de Derecho, proclaman su simpatía con los huelguistas (Coerr al Departamento de Estado, 7 mayo 1954, Telegrama N°308; Telegrama N°309, 815.062/5-754).

Desde Managua, un funcionario de la Embajada estadounidense en Managua reporta que Somoza le había llamado por teléfono para decirle que cada hora está recibiendo información sobre el empeoramiento de las condiciones en Honduras y que él está ofreciendo al gobierno hondureño toda ayuda posible. Afirma que los comunistas guatemaltecos están detrás de ese problema, el cual es solamente parte de un plan general comunista para Centro América, incluyendo su asesinato. Predice problemas en otras partes a menos que sea rápidamente controlada.

"El Embajador de Costa Rica me dijo hoy que la huelga en Honduras es natural. Los obreros de Guatemala, Honduras y Costa Rica solamente buscan un salario que les permita vivir", señala Coerr al Departamento de Estado, 8 de mayo 1954, Telegrama Número 153, 815.062/5-754.

La huelga se extiende a La Lima y a los trabajadores de la Standard Fruit Co. La Tela, a través de un boletín, acusa recibo del pliego de peticiones presentado por los huelguistas, mismas que son enviadas a las oficinas centrales en Boston. Solicita plazo de un mes a fin de estudiarlas y resolver al respecto, lo que es rechazado por los huelguistas de El Progreso y Tela. Los de La Lima no respondieron. El Boletín era firmado por J. F. Aycock, Gerente General de la empresa[10].

Los huelguistas tomaron completo control de La Ceiba e inclusive Mazapán, el recinto de la Compañía. El primer contingente once mil trabajadores, de las empresas de camisas, envases, zapatos, cerveza y jabón, abandonaron sus labores ese día.

En Tegucigalpa, la Federación de Estudiantes Universitarios de Honduras se solidarizó con los huelguistas, "en sus justas y legales demandas" (La Época, 11 de mayo 1954, p.2).

---

[10] Orientación, año I. 10 de mayo de 1954, pp. 1,8.

8. Declaraciones del Gobernador Político de Cortés sobre la no violencia. "Hasta ahora esta Gobernación a mi cargo no ha tenido noticias de que los huelguistas hayan usado de medios indebidos o asumido una actitud violenta, lo cual alabo mucho". El Comandante de Armas de Cortés afirmaba: "Hasta la fecha no se ha registrado ni el más mínimo acto de violencia de parte de los huelguistas" (Orientación, año I, Número 10, mayo de 1954, p.8).

El movimiento huelguístico se ha generalizado en las dos divisiones de la empresa, o sean la División de Tela, donde principió y la División de Cortés. La situación no ha mejorado nada en ninguno de los sectores de trabajo. Los huelguistas continúan impidiendo las actividades en las oficinas de la Compañía en Tela. Lo mismo ocurre en La Lima, Puerto Cortés y El Progreso"[11] .

Declaraciones del Secretariado de la Huelga, desde La Lima Vieja, firmadas por Manuel de J. Valencia como Secretario General, Coto como Secretario de Conflictos y Carlos Gravina Turcios, Secretario de Finanzas, rechazando que la huelga sea comunista: "nuestro movimiento es una acción espontánea producto de la miseria, el desamparo social y de la explotación inicua de la fuerza de trabajo de nuestras masas laborantes, nuestro movimiento lucha por un aumento en el salario, mejores viviendas, mejor trato y por la justicia social; anhelamos la armonía y equidad entre el capital y el trabajo; condenamos la campaña injuriosa con que se pretende desorientar al pueblo; la prensa se encuentra al servicio del Trust bananero tanto en nuestra Patria como en el resto de América; los servicios públicos tales como fuerza eléctrica, servicio de agua, comunicaciones y asistencia médica han sido paralizados; nuestro más profundo agradecimiento al pueblo de la Costa Norte por el interés con que han corrido a socorrernos"; solicitan apoyo moral y material de los demás trabajadores del país, del comercio, industria, estudiantes. Reiteran que no persiguen ningún fin político, comprometiéndose a respetar y proteger la propiedad de la Tela Railroad, las vidas de los extranjeros, la no paralización de los servicios públicos. Denuncia que elementos enemigos de sus reivindicaciones permiten la venta de bebidas alcohólicas, "para crear el descontento y la desmovilización entre nuestros compañeros"; denuncian que les han decomisado altoparlantes, han sido arrojados

---

[11] Boletín del Departamento de Relaciones Públicas de la Tela Railroad Company, reproducido en La Época, 8 de mayo 1954, p.4.

de la zona de la empresa en Tela y se han colocado destacamentos para impedir que los trabajadores puedan tener acceso a la zona. Piden solidaridad a los hondureños y a los trabajadores y pueblos democráticos de América". Los trabaja- dores de la Standard presentan pliego de peticiones: destitución de tres supervisores y aumento salarial del 50%.

9: El Embajador Willauer reporta que los líderes del gobierno creen que pueden mantener la paz, debido a que el Gobierno ha mostrado fortaleza y los dirigentes de los huelguistas han mostrado un notable control sobre los huelguistas; hay evidencia que están siendo suplidos con dinero en grandes cantidades; al menos tres a cuatro mil dólares por día serían necesarios para alimentarlos; se ha enviado al Agregado Militar a la villa de La Lima y al Consejero a La Ceiba.

Telegrama del Secretario de Estado de los Estados Unidos, John Foster Dulles, a la Embajada de su país en Honduras, en que contempla con preocupación la posibilidad de un golpe de estado y otro cambio que pudiera favorecer a Guatemala; debe prevenirse posible "derrocamiento pro-comunista del gobierno hondureño"[12].

Telegrama enviado por el Presidente Gálvez a Valencia: "Tengo fe en que serán armonizados los intereses de la Compañía y las peticiones de ustedes. Las pláticas deben ser completamente amistosas y bajo un plano de respeto y orden" (Orientación, Número 12 mayo 1954, p.8).

El Gerente de la Standard Fruit, Burt Hogge presentó una contraoferta del 4% al 8% de incrementos, dándole consideración a la segunda demanda, dependiendo de las pruebas razonables de mal trato a los trabajadores.

10: El Ministro Inestroza persuadió a los huelguistas que pusieran por escrito sus peticiones.

Se organiza un Segundo Comité de Huelga, encabezado por Luis B. Yanes, quien solicita y recibe transporte ferroviario para él y sus otros miembros, a fin de visitar El Progreso, La Lima y Puerto Cortés. El Ministro Inestroza manifestó que tenía fe en Yanes y su Comité. Los huelguistas de la Standard rechazan la oferta de la empresa.

Se extiende la huelga a todos los sectores de trabajo. "Se sabe que los asistentes de superintendentes, mandadores y tomadores de

---

[12] Willauer al Departamento de Estado, 9 de mayo 1954. Memorándum de conversación, 715.00/5-954, caja 3253.

tiempo en las fincas de la División de Cortés han sido excitados por los huelguistas para que se trasladen de sus casas a La Lima, a fin de que participen en el movimiento de brazos caídos, con la advertencia que al no hacerlo, llegarán comisiones especiales a llevarlos. A efecto se les han enviado camiones para su traslado, pues el transporte ferroviario quedó paralizado desde el tres de mayo... Los oficinistas en la División de Cortés, han sido llamados telefónicamente por los huelguistas para que se sumen a ellos. Su propósito es obtener para el movimiento el ciento por ciento de solidaridad. El hospital de La Lima está funcionando, pero el servicio sanitario no ha sido reanudado y se teme que pueda desarrollarse una epidemia" (Boletín de Relaciones Públicas de la Tela Railroad Company, reproducido en La Época, 10 de mayo, página 4).

En La Ceiba, quedaron paralizadas las actividades en todas las fábricas y talleres, inclusive las de los espectáculos teatrales, sumándose sus trabajadores a la antes referida huelga En El Progreso "El movimiento huelguístico continúa impasible, esperando que personeros de la frutera les resuelva su petición de aumento de sueldo y otras prestaciones justas y necesarias. Orden no ha sido alterado y trabajadores comportándose con todo civismo. Comercio y pueblo en general ayuda a huelguistas económicamente para que se mantengan firmes en sus peticiones" (Publicado en Diario La Época, 11 de mayo de 1954, p.4).

11: En opinión del Primer Secretario de la Embajada estadounidense en Honduras, los trabajadores sin duda están justificados en demandar algún aumento salarial, aunque no en el 50% que habían originalmente solicitado. Es dudoso que los salarios de la Compañía se hayan mantenido con el costo de vida, aunque el ingreso verdadero de los trabajadores está aumentando en razón de beneficios adicionales como privilegios médicos, educacionales y de comisariatos. Noventa y nueve por ciento de los hombres involucrados parecen ser trabajadores genuinos que no saben nada de Comunismo.

Los líderes parecen ser de dos categorias: los trabajadores legitimos que creen en los objetivos anunciados. Estos hombres probablemente forman la mayoría de los líderes, son conocidos como empleados y han constituido las delegaciones que han representado a los huelguistas. Escondiéndose detrás de estos lideres u operando públicamente como agitadores, están algunos comunistas cuyos objetivos son usar la huelga para destruir la influencia americana y aumentar la influencia comunista en Honduras.

Uno o dos de éstos son hondureños, pero muchos han venido de Guatemala. La United Fruit Company, hasta ahora, ha adoptado la posición de que solamente negociará cuando los trabajadores hayan regresado a trabajar. La Standard Fruit Company ha ofrecido a los huelguistas uma contraoferta y está intentando mantener las negociaciones abiertas

Métodos empleados en la huelga los huelguistas han paralizado todo el transporte de ferrocarril y los muelles. En el irea de la United Fruit Company han, en su mayoría, dejado sus barracones en las fincas de la empresa y se han concentrado en gran número enfrente de las oficinas de los gerentes en La Lima, El Progreso y Tela. Han convocado a todas las empleadas domésticas trabajando para los Americanos. Parecen tener un adecuado abastecimiento de dinero y comida... Sus tácticas de negociación han consistido, hasta ahora, en presentar una multiplicidad de demandas de arreglo inmediato así como hacer dificil a la Compañía el encontrar dirigentes responsables.

En La Ceiba, los huelguistas han penetrado y se han manifestado en el área de la empresa, no pueden entrar o salir automóviles sin un pase del Comité de Huelga. La disciplina de los huelguistas es excelente, Están evitando el consumo de licor y, obviamente, han estado bajo instrucciones de no cometer violencia hasta ahora.

Todos insisten en que no son comunistas y que la huelga es económica, no política. El Gobierno no tiene legislación relativa a sindicatos o huelgas ni tampoco personal experimentado en tales asuntos. El Presidente está actuando cautamente; el poder central está debilitado por el hecho que un nuevo Presidente será electo en octubre. En situaciones locales, como en La Ceiba, los huelguistas han asumido algunas prerrogativas de gobierno, tales como el controlar la entrada a las instalaciones de la Compañía, las llamadas telefónicas. Los Comandantes militares locales han tenido poca o ninguna experiencia en tratar con movimientos sociales o de masas. Los soldados locales no pueden ser tenidos en cuenta para usar fuerza contra gente en sus poblados nativos. Algunos soldados indíos de Gracias han sido llevados al área de San Pedro Sula, pero en el mejor de los casos pueden ser capaces de preservar el orden. Es dudoso si se pudiera poner en vigencia la ley marcial.

La Confederación General de Trabajadores de Guatemala ha públicamente declarado su apoyo a la huelga y el Partido Democrático Revolucionario Hondureño ha hecho previamente lo mismo. La excelencia en la organización de la huelga sugiere fuertemente una organización técnica del tipo proporcionado por agentes comunistas entrenados... Pero falta prueba convincente...

Los Comunistas están explotando las ventajas ofrecidas por el antigringuismo y por reclamos justificados contra un "mono- polio" Americano para el mejoramiento de las condiciones de trabajo de los hondureños. Los comunistas pueden en el futuro disfrutar de la ventaja adicional de hacer oscilar un gran voto laboral en la política hondureña, probablemente a favor del Partido Liberal.

En la visita realizada por el referido diplomático a la Costa Norte, del 7 al 11 de mayo, conversó con algunos huelguistas, a uno de ellos, quien se identificó como ayudante de maquinista, le preguntó cuanto ganaba al día, contestándole que L.4.00 diarios, después de diez y seis años de servicio y con una familia de cinco hijos. Admitió que recibía ciertos otros beneficios de la Compañía, tales como disponibilidad de leche y servicios de hospital, pero reclamó que la empresa cobraba mucho por ellos y que su salario era totalmente inadecuado para sus necesidades y la de su familia. Otro asalariado le explicó que era muellero, devengando 44 centavos de lempira por hora, después de 10 años de trabajo con la empresa.

Todos los hombres con los que hablé indicaron enfáticamente que la huelga no era política sino solamente un asunto de "pisto". También afirmaron, casi invariablemente, que no iban a ser provocados para ocasionar desorden.

En la visita que realizó a La Ceiba, reportaba que el Gerente de la Standard, Burt Hogge, insistió, antes de iniciar negociaciones, que de las mismas fuera excluido Zoroastro Montes de Oca y varios otros individuos que no trabajaban para la Standard Fruit, lo que fue aceptado por los huelguistas. Sus peticiones incluían demandas de aumento salarial en un 50%, despido de cuatro ejecutivos, incluyendo al Gerente del Departamento de Ferrocarril y el Administrador del Hospital y que se garantizara el no despido de huelguistas en el futuro, sin causa justificada. Encontré una simpatía casi universal con los huelguistas y resentimiento contra la Compañía, por una razón u otra, por parte de los comerciantes locales...

Aunque no lo pude comprobar, se rumoraba fuertemente que miembros de la Cámara de Comercio estaban apoyando a los huelguistas con dinero, crédito y bienes. *Coerr al Departamento de Estado, 12 mayo 1954, Despacho 467, 815.062/5-1254. 24*

Reportando el apoyo que miembros de la Cámara de Comercio de La Ceiba estaban otorgando a los huelguistas de la Standard Fruit, el Segundo Secretario de la Embajada, Sam Moskowitz, entrevistó a Ernesto Crespo, comerciante y Presidente de la Cámara de Comercio de esa ciudad, quien le indicó que, en su condición individual, varios comerciantes estaban apoyando la huelga.

El Secretario explicaba a sus superiores que había resentimiento contra la empresa por haber aumentado en un 30% el flete de carga en sus ferrocarriles. Crespo le informaba al respecto que desde que se implantó el aumento en noviembre de 1953, no había habido mejoramiento del servicio o incremento en salarios y que, por eso, según creía, los comerciantes locales apoyaban la huelga, ya que si la Compañía estaba obteniendo 30% más por carga ferroviaria, algo de eso podía ir a los trabajadores y no a los accionistas de la empresa; agregaba que los huelguistas no parecían inclinarse hacia algún partido político ni mostraban parcialismo hacia alguno ni pretendían inclinarse hacia alguno en especial y que, si bien daban la bienvenida a la mayoría de fuentes de apoyo, trataban de mantener a los comunistas fuera de control e influencia, y parecían tener éxito.

El Presidente Gálvez enviaba telegrama a Valencia en estos términos:

Lleven a cabo cuanto antes cualquier arreglo amistoso con las Compañías, mientras el Gobierno de la República emite la ley que ordene y armonice las relaciones entre el capital y el trabajo. Me alegra mucho el orden guardado en sus reclamos (Diario El Pueblo, 18 de mayo de 1954, p.4).

Representantes de los Comités de Huelga de Tela, El Progreso, La Lima y Puerto Cortés, entregan al Gerente de la Tela Railroad Co., Félix Aycock, el pliego de peticiones contentivo de treinta puntos.

Carta del Comité de Huelga al Presidente Gálvez agradeciéndole "la forma como por medio de su representante legal, Gral. J. Antonio Inestroza (sic), Ministro de Gobernación, ha mediado este tan importante asunto entre la Tela Railroad Company y nosotros que estamos reclamando ser tratados como humanos". Firmaba Luis B. Yanes, Secretario General del Comité de Huelga.

La Asociación de Maestros Hondureños se solidarizó con los trabajadores en huelga, "en sus justas demandas" y erogaba la cantidad de L300.00 como ayuda económica, también nombraba comités para recaudar fondos con el mismo fin, entre los docentes de la capital27. Firmaban Felipe Elvir Rojas, Presidente y Modesto Meza Mejía Secretario. La Profesora Julieta Suazo de Barahona quedó encargada de la colecta.

12: La Confederación Nacional de Campesinos de Guatemala envió telegrama al Comité de Huelga en Tela, en estos términos:

"Campesinos guatemaltecos solidarízanse vuestra lucha patriótica mejores condiciones vida, defensa derechos sindicales, por soberanía nacional. Unidos adelante. Viva Honduras, Abrazos".

La respuesta fue esta:

"Agradecemos apoyo nuestra lucha. Compañía no trata solucionar asunto. Pedímosles ayuda económica. Comité Técnico de Huelga" (*).

(*). Mensajes incluidos en el despacho de Willauer al Departamento de Estado, 14 mayo 1954, Telegrama N° 332, 815.062/5-1454.

13: Doscientos trabajadores de la Tabacalera Hondureña, propiedad de la British American Tobacco Co., se van a la huelga en San Pedro Sula. Los trabajadores de las plantas embotelladoras de la Cervecería Hondureña en Puerto Cortés y La Ceiba se unen al paro. En esta última ciudad también se suman al movimiento los trabajadores de la Zapatería Naco y la Fábrica de Manteca y Jabón Atlántida.

La Confederación General de Trabajadores de Guatemala ha principiado a recaudar fondos para ayudar a los trabajadores de la Costa Norte de Honduras... Para el efecto, se ha organizado un Comité para recaudar esos fondos, en el cual figuran exilados hondureños radicados aquí desde hace mucho tiempo.

Desde Tela, el Director de El Crisol reportaba que la existencia de artículos de primera necesidad se agotaba En el Mochito, 300 mineros laborantes con la New York & Honduras Rosario Mining Co. se van a la huelga. De acuerdo a un protagonista de esos hechos, la misma empresa proporcionó el detonante al encarcelar a Juan José Oseguera Huezo porque se refería a la huelga que estaba ocurriendo en las plantaciones bananeras. "Nosotros no teníamos pensado hacer la huelga todavía, pues no estábamos preparados para ello, pero la actitud de la empresa precipitó la acción". La huelga minera duraría un mes.

15: Willauer informa que el Presidente Gálvez le pidió a la United Fruit Co. que abandonara la insistencia relativa a que los huelguistas regresaran a sus labores como requisito previo para el inicio de negociaciones y que la sede de la empresa en Boston había dado la aprobación para que empezaran las mismas.

El segundo Comité de Huelga aún no funciona. Solicita a la empresa que acuse recibo del pliego contentivo de los 30 puntos. Se pospone inicio de negociaciones para el día 17 de mayo en El Progreso, afirmando que no se reanudarán labores hasta que no se llegue a un acuerdo. La Tela Railroad responde a Yánez acordando que la reanudación de labores puede esperar hasta que se llegue a un acuerdo con la Comisión Mediadora del Gobierno y que las pláticas deben celebrarse en Tegucigalpa. César Augusto Coto envía telegrama a Gálvez en estos términos:

"Demandamos solidaridad Huelga General Trabajadores bananeros Honduras".

16: El Embajador estadounidense reporta que el Gerente de la New York & Honduras Rosario Mining Co., solicitó a los mineros, quienes habían sido instigados por emisarios de los huelguistas de La Lima, que acreditaran un comité negociador local "responsable" para ese día, a lo que no accedieron los mineros, procediendo entonces a abandonar el mineral de El Mochito, permaneciendo 29 ciudadanos norteamericanos en ese poblado. Varios casos de disentería y gripe entre los huelguistas de la United Fruit, enfermedades que de continuar pueden dispersar a los parados. La United Fruit entregó carta a los huelguistas afirmando que negociará sin condiciones. *Willaner al Departamento de Estado, 16 mayo 1954, Despacho NNº336, 815.062/5- 1554.*

17: Carta del Comité de Huelga de El Progreso al Gerente de la Tela Railroad, firmada por J. A. Espinoza, Secretario General, afirmando que las negociaciones deben realizarse en El Progreso. Hoja volante distribuida por el Comité Central de Huelga afirmaba estar integrado por tres representantes de cada uno de los cinco distritos: La Lima, Puerto Cortés, Tela, Bataan, El Progreso, nombrándose como la autoridad máxima con sede en El Progreso. Al constituirse, estableció sus funciones:

1°. El Comité Central de Huelga es la autoridad máxima de nuestro movimiento y por tanto asume las responsabilidades.

2° Es el único organismo autorizado por los trabajadores para negociar con la Empresa, evitando así cualquier arreglo o entendimiento de tipo personal o por separado que pudiera comprometer el resultado final de nuestro movimiento.

3° Los actuales comités de huelga de los cinco distritos, quedan subordinados a las determinaciones del Comité Central de Huelga.

4° El Comité Central consultará y recibirá la aprobación de los trabajadores para sus actividades de carácter general.

5° Queda en libertad para organizar comisiones que faciliten el desarrollo de sus actividades.

(El Pueblo, 25 mayo 1954, pp. 1, 4).

"A consecuencia de la huelga, 163 pacientes ingresaron al Hospital de La Lima durante los días 14, 15, 16 y 17 de mayo, la mayoría de ellos padeciendo de disentería", informaba el Departamento de Relaciones Públicas de la Tela Railroad Company, reproducido en La Época el 18 de mayo.

18: Carta del Comité Central de Huelga, contestando carta del Ministro de Gobernación, indicando que el Comité Central fijará fecha, tiempo y lugar de las pláticas cuando se cumplan estas condiciones: pago de salarios caídos, la puesta en libertad de ciertos huelguistas, el cese de la intimidación a los huelguistas, se retire a los soldados, la disponibilidad de transporte para los integrantes del Comité de Huelga, reconocimiento del Comité como el representante de los trabajadores en las negociaciones; abstención, por parte del Ministro de Gobernación, de proferir amenazas a los huelguistas y de usar lenguaje indebido.

En opinión de un estudioso de los movimientos populares, estas condiciones obreras constituían una muestra clara de los gérmenes de poder obrero, según la expresión de Mandel, que el desarrollo de la huelga ha hecho aflorar y un cuestionamiento claro del poder del Estado y de los capitalistas extranjeros de imponer sus condiciones Entre los integrantes del Comité Central de Huelga, en cuya composición habían ocurrido modificaciones, estaban: César Augusto Coto, Secretario General; Juan Bautista Canales, Secretario de Organización, Francisco Ríos, Secretario de Finanzas, Marcos Santos, Secretario de Prensa y Propaganda, Guillermo Rosales Mejía, Secretario de Actas y Acuerdos; también figuraban Manuel Sierra,

José Vásquez, Adán Posas, Cruz Meléndez, Gabriel David, Ernesto Pérez, Angel M. Domínguez, Antonio Rivas Ferrera, Augusto Castañeda.

Quedaban excluidos, temporalmente: Manuel de J. Valencia, José Cubas Gross, entre otros, lo que revelaba las divergencias existentes al interior de la dirigencia.

Las siguientes fábricas textiles de San Pedro Sula se van a la huelga:
Bolívar de Elías Kattán.
Presidente Paz de Jacobo Kattán.
Selecta de Francisco Abufele.
Hamilton de Elías Canahuati.
La Esperanza de A. Handal,
Hondureña de José Miselem.
Charalco de Constantino Larach.

Varios huelguistas son apresados: Efraín Garay y otros en el sector de La Ceiba y Olanchito; Martín Bonilla y Antonio Fajardo en Puerto Cortés; Gustavo Andara Bulnes y Emilio Sánchez Guevara, en Tegucigalpa, según informa Diario El Pueblo el 20 de mayo.

Diario El Pueblo, 19 de mayo de 1954: El Comité de Huelga de los trabajadores de la Standard Fruit C 0., aceptó aumentos del 40% que representan más o menos el 5 y 10% de los sueldos de los asalariados.

Desde Chamelecón, reportaba el corresponsal de prensa de La Época en estos términos:

"La huelga en este litoral norteño continúa firme en sus propósitos; es justa petición la que solicitan, desean aumento salario, mejor trato en sus labores y mejor asistencia hospitales; el standard de vida actualmente es elevado, los huevos cotízanse a 14 centavos cada uno, carne de res a 75 centavos libra, de cerdo 11.00 la libra y alquileres de casas por la nubes".

19: Las primeras reacciones obreras respecto al acuerdo alcanzado entre sus representantes y la Standard Fruit Co., son adversas. De acuerdo a una nota periodística:

"El Comité de La Ceiba por su composición no representaba los intereses de los trabajadores bananeros y si bien es cierto que en la firma del convenio con los personeros de la empresa, estaba presente el señor Carlos Sandoval, como ´representante´ de los campeños, éste se avino a todas las componendas de los ´oficinistas´, olvídándose de las reivindicaciones más sentidas de la campeñada que quedaba así excluida de los pretendidos beneficios que tal convenio traerá para todos los trabajadores de ese sector", señala Mario Posas.

20: En San Pedro Sula, además de las fábricas de ropa, se van al paro la Cervecería Hondureña y la Tabacalera Hondureña. El Ferrocarril Nacional pasa de la Tela Railroad Co. a control del Gobierno.

En La Lima, Francisco Cardona Casaña denuncia pública- mente a Manuel de J. Valencia de estar vendido a la Tela. Este contraataca acusando al primero de ser agitador comunista y de tratar de sabotear la huelga. Se procede a su captura y entrega a las autoridades.

Solucionada la huelga de la Cervecería Hondureña, división de La Ceiba. El delegado obrero era Zoroastro Montes de Oca, a quien un periodista capitalino lo considera un "hombre enjuto y canoso que ha envejecido en la rutina de trabajar con su músculo las ocho horas diarias" (Joaquín Mendoza Banegas, "La huelga de la Costa Norte", alocución radial 3 junio 1954, reproducida en Gráfico, 3 junio 1954).

Entrevista del corresponsal A. A. Miralda con el Gerente de la División de Cortés, William L. Taillon, en La Lima. Comentando sobre Manuel de J. Valencia, afirma el ejecutivo estadounidense que éste "es un buen muchacho no contaminado de ideas que tiendan al extremismo".

21: Solucionada la huelga en la Fábrica de Manteca y Jabón Atlántida. La Embajada norteamericana reporta que Lilio Pineda M., uno de los firmantes del pliego de peticiones presentado a la Tela Railroad empieza a vacilar, ya que cree que los comunistas están detrás del movimiento huelguístico.

22: Los huelguistas de la fábrica de ropa de Juan Sikaffy regresaron a sus labores. El Presidente Gálvez nombró la Comisión Mediadora Gubernamental, integrada por Francisco G. Velásquez, Carlos Matute, Tomás Cálix Moncada, Ricardo Callejas, Ramiro Cabañas Pineda, Guillermo Bueso y Luis Flores. La Embajada norteamericana reporta que el acuerdo alcanzado entre los trabajadores y la Standard Fruit está deteriorándose debido a actividades de agitadores en fincas localizadas en Coyoles Central.

23: Hoja suelta denunciando la intervención izquierdista en la huelga, distribuida en San Pedro Sula y firmada por el Cuarto Comité de Huelga.

La Comisión Mediadora llega a San Pedro Sula.

24: César Augusto Coto escribe a la Comisión Mediadora, detallando demandas salariales y explicando algunos de los treinta puntos. La Tela distribuye hoja volante señalando peligros si persiste la huelga: sigatoka, inundaciones, afirma que los trabajadores pierden L700.000 por cada semana que no laboran; garantiza que hará retroactivo cualquier aumento de salario si se empieza a laborar ese mismo día.

Se distribuye hoja suelta intitulada "Informaciones de la Delegación Universitaria sobre su actuación frente al problema de la Huelga", que revela desilusión por la aparente indiferencia del Comité Central de Huelga hacia los estudiantes, los cuales habían realizado gira por la Costa Norte con el propósito de llegar a una rápida solución del conflicto laboral. La Comisión Mediadora gubernamental hace los primeros contactos con los miembros del Comité Central de Huelga con sede en El Progreso.

25: La Comisión Mediadora se presentó en La Lima para entrevistarse con los personeros de la Tela Railroad Co. El Comité Central de Huelga acepta que sea la ciudad de San Pedro Sula el sitio donde se realicen las negociaciones entre sus delegados y los acreditados por la empresa frutera, siempre y cuando se otorguen garantías personales para todos los miembros de la delegación obrera y sus asesores así como libertad absoluta de movimiento y facilidad de transporte entre San Pedro Sula y El Progreso.

26: Valencia públicamente afirma que Coto y Juan B. Canales son Comunistas, rechaza que tengan representación de su Comité.

Aparece campo pagado por la Tela Railroad Co. en los diarios del país, afirmando:

"La Compañía ha intentado repetidas veces arreglar entrevistas con los representantes de los huelguistas, pero hasta la fecha sus esfuerzos han sido infructuosos debido al cambio constante del personal que integra los comités de huelga. Hojas sueltas distribuidas por la Tela Railroad en La Lima, declarando que la empresa está dispuesta hacer retroactivo a la fecha en que se reanuden las labores de cualquier arreglo sobre salarios a que se llegue con los trabajadores".

27: El Gobierno prohibió al Lic. José Pineda Gómez que volara a El Progreso, en su condición de asesor legal de la Comisión Central de la Huelga; se alegó, en justificación de la prohibición, que Pineda Gómez fue puesto en libertad bajo fianza bajo la acusación de practicar la subversión en Honduras. Se habían resuelto, en San Pedro Sula, las huelgas en la Droguería Nacional, Empresa Maderera Babun, fábrica de ropa de Juan Sikaffy, pero estaban pendientes de solucionarse los conflictos en la Cervecería Hondureña, Tabacalera Hondureña, Camisería Presidente Paz, Bolívar, Charalco, Selecta, Hamilton y Adán Boza y Co., en relación con finqueros productores de banano en Villanuevas (*).

(*). Orientación, 27 de mayo 1954, p. 1-2.

Se le otorga salvaconducto al tercer Comité de Huelga, a fin de dejar El Progreso y asistir a negociaciones en San Pedro Sula. La Tela Railroad distribuye hoja suelta afirmando que había escrito al tercer Comité acordando pagar salarios de manera retroactiva, pero tenía que abrir ciertas oficinas para este propósito y aún no ha recibido respuesta del Comité. Urge a los trabajadores a que regresen a laborar mientras continúan las negociaciones a fin de no perder más dinero. El tercer Comité de Huelga nombra como asesores legales a Francisco Milla Bermúdez y Roberto Arellano Bonilla. Guatemala propone a Honduras suscribir un pacto de no agresión.

Declaración Oficial de las autoridades hondureñas:

"Por los informes fidedignos en poder del Gobierno, resulta claro ahora, que entre los trabajadores huelguistas se han infiltrado agentes del comunismo internacional, como se desprende de los hechos siguientes:

a) El interés manifiesto de sabotear el arreglo que efectuaron los trabajadores de la Standard Fruit Co., conformándose con el aumento del 10 y del 5% en sus salarios.

b) El Comandante de Armas de Tela informa que en el Campo Lomitas, jurisdicción de San Francisco de Atlántida y Ceibita, jurisdicción de Esparta, los huelguistas descontentos por el arreglo en La Ceiba, han mostrado marcada hostilidad hacia el Gobierno, llegando a ofreseles pláticas en las cuales expresaron que si el Gobierno intenta disolverlos ellos también tienen armas para m defenderse.

c) Al dirigirse los huelguistas al Gobierno han desafiado su autoridad usando un lenguaje de carácter subversivo.

(d) El comportamiento general de los huelguistas como su organización interna acusan un entrenamiento y tácticas adquiridas fuera del país. Esta experiencia sólo puede venir por los canales que usa el comunismo internacional.

e) Por el lenguaje y actitud que observan, no hay en melos huelguistas comunistas deseo de llegar a un pronter arreglo; al contrario, se empeñan en prolongar indefinidamente la huelga perjudicando a la economía nacional y atentan contra la paz y la tranquilidad públicas.

f) Hay indicios seguros de que los huelguistas de tipo comunista tratan de extender la huelga comprometiendo a obreros y campesinos hondureños que han mantenido hasta hoy su posición hondureñista.

g) El Gobierno está en poder de muchos mensajes que le han dirigido organizaciones comunizantes de Guatemala, que se muestran vivamente interesados en el curso de la huelga aplaudiendo el gasto de los huelguistas y pidiendo en lenguaje admonitorio al Gobierno que respete la "huelga patriótica", "contra dominación imperialista". Entre tales organizaciones están la Confederación General de Trabajadores de Guatemala, Confederación Nacional Campesina Guatemalteca y los diversos sindicatos organizados en Guatemala" (La Época, 27 de mayo 1954, pp 1,5).

También reproducía dos telegramas enviados desde México por Vicente Lombardo Toledano, en nombre de la Confederación Latino Americana de Trabajadores, uno dirigido al Presidente Gálvez y otro a los huelguistas.

28: Primera reunión entre el Comité Central de Huelga, representado por los delegados Angel M. Domínguez y Juan Bautista Canales, de Puerto Cortés; Augusto Castañeda y Francisco Ríos, de Tela; Jaime Cabús y Oscar Gale, de Bataan; Manuel A. Sierra y Raúl Zepeda Montoya de La Lima; Gabriel David y Marcos Santos de El Progreso, así como sus asesores técnicos: José Ángel Zelaya, Guillermo Rosales Mejía, José Roberto Panchamé, Roberto Arellano Bonilla, Sabas Lilio Pineda, Francisco Milla Bermúdez, Carlos Coello Perdomo, Benigno González y el Delegado de Prensa y Propaganda, Iván Cañas.

Por parte de la Tela comparecieron William L. Taillon, Gerente de la División de Cortés; Kenneth Block, Gerente de la División de Tela; L.S. Greenberg, Director de Relaciones Obreras en las divisiones tropicales, Abogados Virgilio Moncada, Alejandro Rivera Hernández,

G. S. Howar (sic) y W. G. Deswell, Contador; E.O. Beckstrom, Jefe del Departamento de Relaciones Obreras en Honduras; Chas F. Racine y el Secretario de la Gerencia, Gral. Efraín Alcántara.

En esta reunión se discutió el transporte por motocarros, apertura de comisariatos y de los pagos atrasados hasta el día que comenzó la huelga. Fue solucionada la huelga en la Tabacalera Hondureña, de capital británico, con la intervención de la Comisión Mediadora gubernamental; había durado 15 dias.

29: Segunda Reunión entre el Comité Central de Huelga y los delegados de la Tela Railroad Co., en el Palacio del Concejo del Distrito, en San Pedro Sula, en presencia de la Comisión Mediadora gubernamental. Se acordó abrir los comisariatos los martes, jueves y sábado durante 4 horas cada uno de esos días y que cada diez días corriera un tren para abastecer los comisariatos; los motocarros continuarían inmovilizados.

Se publica un caluroso y emotivo mensaje de Ramón Amaya Amador, desde su exilio en Guatemala, dirigido a los huelguistas. Apareció originalmente en el periódico guatemalteco Tribuna Popular.

31: Fracaso de las pláticas entre la Tela Railroad y los huelguistas, al negarse los delegados de éstos a firmar el Acta de la reunión del 29. César A. Coto reemplazó a Francisco Ríos e informó que la Asamblea General de Huelga se negó a acatar lo convenido el sábado 29 referente a la apertura de los comisariatos y la circulación de un tren cada diez días llevando víveres. Los asesores obreros Arellano Bonilla y Francisco Milla fueron retirados, siendo reemplazados por José Pineda Gómez, presente en las negociaciones por vez primera.

La Comisión Mediadora del Gobierno, por medio del P.M. Tomás Cálix Moncada, dio por finalizada su intervención, aprestándose a regresar a Tegucigalpa. Coto, Manuel Sierra y Portillo arrestados en La Lima. Se distribuye hoja suelta desde un avión, firmada por Guillermo Rosales Mejía y Jaime Cabús, denunciando a Coto, Ríos, Sierra, Santos, David y Canales, afirmando que su intransigencia está obstaculizando llegar a un acuerdo deseado por el resto.

La Tela Railroad distribuye hoja volante afirmando que ofreció pagar salarios devengados con antelación a la huelga, pero que en las reuniones realizadas en San Pedro Sula el tercer Comite no mostró disposición de alcanzar un acuerdo y prefirió dejarlo pendiente. Urge a los huelguistas retornar a las labores. La Tela rompe las negociaciones con el Comité Central de Huelga por considerar comunistas a sus integrantes. Culpa a Coto por el fracaso de las pláticas. Las partes se retiran a las once de la mañana de ese día.

Se reporta que en El Progreso priva "disgusto y confusión", por la actitud que juzgan indisciplinada del Comité de Huelga de La Lima (Diario La Época).

Desde Tegucigalpa, infórmase que todos los operarios de las sastrerías se encuentran en plena huelga, por negarse los patrones al aumento de salarios y al reajuste de otros precios en los trabajos por contrato. "Los obreros nos indicaron que lo que actualmente ganan no les alcanza ni siquiera para cubrir sus primeras necesidades de hogar, y que no es humanamente posible que ellos se mueran de hambre por rellenarle los bolsillos a los propietarios de talleres y sastrerías, en su mayor parte capitalistas extranjeros que han montado fortuna con su trabajo, es decir explotándolos Los trabajadores están dispuestos a no volver a los talleres si los patrones no hacen el aumento" (Diario La Época).

JUNIO

1°: Coto es trasladado a Tegucigalpa, permaneciendo prisionero en la Penitenciaría Central hasta el 11 de septiembre en que es puesto en libertad bajo fianza. Igual suerte corrieron Manuel Antonio Sierra, Marcos Santos y Juan B. Canales. Francisco Ríos es objeto de persecuciones y amenazas a fin de eliminarlo como dirigente del movimiento huelguístico.

Valencia distribuye hoja suelta anunciando la organización de la Unión Sindical de Trabajadores Hondureños, integrada por Valencia, Mario S. Tamayo, Miguel Angel Ruiz, Arturo Rivera, José Cubas Cross y Severino Alvarez Afirma Valencia, en el periódico Orientación publicado en San Pedro Sula, que el tercer Comité de Huelga está definitivamente disociado de La Lima, debido a que el grupo de El Progreso muestra tendencias izquierdistas.

2: El portavoz de la Tela Railroad afirma que se reunirá en cualquier tiempo y lugar con los "verdaderos representantes" del Comité de Huelga para discutir salarios y beneficios adicionales, repitiendo apelación a los trabajadores a fin de que retornen a sus puestos de trabajo, prometiendo hacer aumentos con carácter retroactivo.

3: Solucionado la huelga en la Cervecería Hondureña, que involucró a 305 empleados incluyendo los de la Embotelladora, otorgándose aumentos salariales de alrededor del 10%.

4: El Comité Central de Huelga publica un manifiesto en que declara que la afirmación de la Empresa sobre el carácter comunista de la huelga y de sus líderes es su "caballito de batalla" para desorientar la opinión pública, destruir el movimiento huelguístico y hacer que los trabajadores regresen a las condiciones de vida y trabajo anteriores al estallido de la huelga. Los departamentos de Contabilidad, Talleres y los empleados de los comisariatos en Tela retornan a sus labores sin presentar ninguna demanda.

Para esa fecha se calculaba que la United Fruit Co. había incurrido en unos $200,000 en pérdidas semanales, por concepto de ganancias no percibidas, en tanto que el Gobierno también dejaba de recibir igual cantidad (siendo su ingreso semanal promedio de $600,000); en lo que respecta a los trabajadores sus pérdidas ascendían a $400,0000 semanales por sueldos y salarios no percibidos, sus homólogos de la Standard Fruit Co. que ascendían a 13,000 obreros habían dejado de percibir $150,000 semanales por similares razones.

El costo de vida en las áreas en huelga había aumentado en 25%. El ingreso neto de la Tela Railroad había sido recientemente de $10 millones por año, luego de deducir el 15% del pago del Impuesto sobre la Renta al Gobierno, por lo que el costo para la empresa era estimado por la Embajada norteamericana en $200,000 semanales y $1,000,000 en ventas brutas no percibidas.

La Tela Railroad normalmente abastecía alrededor del 20% de las importaciones bananeras de los Estados Unidos. Para llegar a este cálculo, se usaban $7.00 como el precio existente al por mayor de cien libras de banano puestas en New York; usando ochenta libras como promedio en el peso de un racimo, la Tela Railroad perdía $1,000,000 semanales, por ventas brutas de banano que dejaba de percibir.

El Embajador Willauer reportaba que los huelguistas de la Tela laborando en los departamentos de Contabilidad, Mecánica, Comisariatos, habían regresado a trabajar sin presentar demandas, aparentemente cansados de la huelga, pero no así los de las fincas quienes mantenían su actitud. Una hoja volante intitulada "Última Hora", distribuida mediante un avión por el quinto Comité de Huelga, encabezado por Valencia, ofrece reunirse con los representantes de la empresa en cualquier momento y lugar.

Por su parte, la Tela distribuye otra hoja volante afirmando que ha sido imposible tratar con los comités de huelga, por lo que procede a hacerlo directamente con los trabajadores, ofreciendo un bono de L20.00 a los huelguistas que regresen a las labores y plantea aumentos salariales.

El Gerente Aycok se entrevistó con el Obispo de San Pedro Sula, Monseñor Capdevilla. Este le manifestó que Gálvez le había pedido que rompiera el estancamiento existente y conversara con Valencia en La Lima, sin embargo, la empresa frutera no creía que él fuera el máximo representante de los trabajadores, ya que tanto los trabajadores de El Progreso como los de Transporte y Mecánica de La Lima estaban en su contra. No obstante, procedió a entrevistarse con Valencia, comunicándole a la Tela Railroad que ésta estaba de acuerdo.

5: Un grupo de trabajadores encabezado por Benigno Gonzales visitó a Aycock entregándole una carta en que le comunican que se ha formado un nuevo Comité Central, en el que figura Valencia, pero no como Secretario sino únicamente como miembro. Willauer indica que el Obispo Capdevilla ha sido "muy útil en dividir a los dirigentes de la huelga, tales como Valencia, de los huelguistas extremistas, apoyando al primero y por considerable campaña a través de los sacerdotes con los trabajadores"; es la creencia general del Gobierno y del público que la oferta que haga la United Fruit Company debe ser mejor que la otorgada por la Standard, criterio que compartía Willauer:

"Es absolutamente claro que la única razón por la que la Standard solucionó en forma tan barata fue el hecho que los huelguistas fueron convencidos por la Comisión Mediadora del Gobierno que la Standard era financieramente incapaz de pagar más. Esto se compara con el hecho autoevidente que la United Fruit Company es varias veces más fuerte que la Standard, financieramente". *Willauer al Departamento de Estado, 5 junio 1954, telegrama N№ 419, 815.062/6- 454.*

6: Aycock habla por teléfono con el Presidente Gálvez, quien le pide no distribuir la hoja volante anunciando la nueva composición del Comité de Huelga que excluía de la Secretaría a Valencia hasta conversar con el Obispo Capdevilla. Así se hizo y el eclesiástico les pidió no se distribuyera hasta ir él a Puerto Cortés, donde un grupo estaba integrando un Comité Central. A su regreso, el propio día 6,

Capdevilla comunicó a Turnbull y Aycock que la situación se presentaba sin esperanza, estando de acuerdo en que distribuyeran la hoja directamente a los trabajadores, la que fue lanzada el lunes 7 de junio[13].

Francisco Milla Bermúdez y Roberto Arellano Bonilla, quienes habían cesado en sus puestos como asesores, por pronunciarse en contra de la huelga, dispusieron, ayudados por Manuel de J. Valencia, Guillermo Rosales Mejía y Jaime Cabús, con la asistencia de la Tela Railroad, formar un nuevo Comité Central de Huelga.

Delegaciones de los huelguistas de Tela, El Progreso, Bataan, Lima y Puerto Cortés se reúnen para formar un nuevo Comité Central de Huelga, con la presencia de Valencia. Los nuevos integrantes eran: Secretario General: Raúl Edgardo Estrada; Secretario de Organización: Antonio Radillo, Secretario de Finanzas: Manuel de J. Valencia; Secretario de Prensa y Propaganda: José Roberto Panchamé; Secretario de Actas: Rufino Sosa; Secretarios Adjuntos: Rafael Alberty, Henry Sheran, Santos Ochoa, Israel Orellana, Benigno Gonzales, José Arnulfo Espinoza, José Cubas Gross, Humberto Díaz Zelaya, Céleo Gonzales y Carlos Ramírez; Asesor Técnico Financiero: Roberto Arellano Bonilla; Asesor Jurídico: Francisco Milla Bermúdez.

Se llega a un arreglo final entre las camiseras y los propietarios de fábricas textiles, consistente en aumentos del 20 al 50% de acuerdo con las respectivas funciones. A pesar de que los arreglos se hicieron por separado, en general las condiciones fueron iguales para cada negocio.

7: Raúl Edgardo Estrada escribe a la Tela Railroad, afirmando que la empresa actuó de mala fe al distribuir la hoja volante por encima del Comité de Huelga y la Comisión Negociadora. Un diario capitalino informaba desde Tela:

"Los huelguistas han sido privados de comunicación telefónica, telegráfica y ferroviaria quedando totalmente aislados de los otros sectores. Las autoridades policíacas les quitaron los magnavoces. Algunos oficinistas han retornado a sus labores amparados por un

---

[13] Carta de W. L. Taillon, ejecutivo de la Tela Railroad, desde La Lima, a Virgil Scott, representante de la empresa en Tegucigalpa, en: Despacho Nº 531, 17 jurio 1954, 815.062/6-1754.

salvoconducto extendido por el Comandante de Armas de este Puerto. La Huelga ya envió nuevos delegados a Puerto Cortés para integrar el nuevo Comité de Huelga. Hoy lunes recorrió las calles una manifestación de mujeres portando cartelones en los que se leían anatemas a los que han traicionado el movimiento que reclama justicia al trust bananero... Prácticamente estamos en estado de sitio: las autoridades militares prohíben la circulación tanto de peatones como de automóviles desde las diez de la noche en adelante. Los huelguistas, que en esta plaza pasan de cinco mil sin contar sus mujeres e hijos, han observado perfecto orden y están dispuestos a continuar mientras no se les resuelvan sus peticiones a base de justicia". El Pueblo, 10 de junio 1954, p.1.

8: La oferta de la United Fruit Co., por encima del Comité de Huelga, de una "contribución", de L120.00 a los trabajadores que devengan menos de L150.00 mensuales siempre que se reporten de inmediato a sus labores, advirtiendo que se abstendrá de pagar salarios no devengados durante el período de la huelga y que está dispuesta a efectuar el siguiente aumento: 19%, a aquellos con un salario máximo de L3.36 por día. 10%, L4.01 a L5.60. 5% a los que ganan de L5.61 a 18.00, y beneficios adicionales, transporte en ferrocarril, servicio médico gratuito, vacaciones.

La hoja volante que hizo circular causó reacción desfavorable; otro Comité de Huelga distribuyó una hoja suelta intitulada Última Hora, dirigida a Aycok, solicitando renovar las pláticas entre la empresa, la Comisión Mediadora y representantes de la huelga, en cualquier momento.

Era firmada por dirigentes, encabezados por Valencia. Al preguntarle Willauer por qué la United Fruit hizo esa oferta salarial de manera directa, en vez de a través del Comité de Huelga, el funcionario Taillon explicó que en la reunión que tuvo con el presidente Gálvez el 5 de junio, junto con Turnbull y el Obispo Capdevilla, Gálvez dio instrucciones para que contactara a Valencia respecto a la oferta de la empresa, lo que realizó el eclesiástico, reportando una probable aceptación. Posteriormente, la empresa frutera recibió información de una probable aceptación. Más tarde, la empresa frutera recibió información acerca de un nuevo Comité, con el cual habló el Obispo en presencia de Valencia, reuniéndose en Puerto Cortés, reportando que los resultados fueron completamente satisfactorios.

Con instrucciones de Gálvez, el Obispo autorizó a la Tela para dirigirse directamente a los huelguistas,alm Scott, funcionario de la United Fruit, le comunicó que la empresa decidió contestar al nuevo Comité de Huelga liderado por Valencia, quien había distribuido hoja volante pidiendo renovar las pláticas, ofreciendo sobre la base de lo prometido en la hoja suelta que había distribuido.

En ella, la frutera rehusaba el pago de salarios caídos así como garantías contra represalias (ambas otorgadas por la Standard).

Willauer comentaba que la Embajada de su país aprobaba los intentos de la United por fortalecer a los líderes no comunistas así como por evitar adoptar una posición pública de no estar dispuesta a negociar La Tela Railroad escribe a Tomás Cálix Moncada, indicando que se reunirá con cualquier comité "verdaderamente representativo", para discutir la hoja que distribuyó.

Segunda declaración gubernamental relativa a la huelga, afirmando la intención y habilidad del gobierno para "reprimir cualquier acción subversiva, individual o colectiva", en la Costa Norte.

9: Juan B. Canales arrestado en Puerto Cortés en tanto que Coto es trasladado a la Penitenciaría Central en Tegucigalpa, donde permaneció en prisión hasta el 11 de diciembre en que fue puesto en libertad bajo fianza... Francisco Ríos sufrió todas las presiones y amenazas imaginables a fin de eliminarlo como dirigente de la huelga. David fue perseguido hasta hacerlo huir de El Progreso... La captura de los principales líderes obreros o su persecución marca la más importante victoria de la Tela Railroad Company, que no sólo ha conseguido descabezar el movimiento huelguístico, sino que priva momentáneamente al movimiento obrero de sus líderes más combativos. Esto permite a la Compañía bananera ejercer control sobre la dirección posterior del movimiento de huelga.

Desde Tegucigalpa, se reporta que el Ministro de Guerra ha recomendado decretar la ley marcial, pero el Comandante de Armas de San Pedro Sula, Gómez, sugiere no decretarlo por el momento; los trabajadores resienten la hoja volante distribuida por la empresa bananera el 7 de junio; se espera reanudación de las pláticas el 10 con la Comisión Mediadora y el nuevo Comité Central de Huelga, incluyendo a Valencia.

10: Roberto Arellano Bonilla, en su condición de Asesor Económico del nuevo Comité Central de Huelga envió ese día telegrama al Presidente de la United Fruit Co., en Boston, quejándose que los funcionarios locales de la empresa están tratando de dividir a los huelguistas, ofreciendo en hoja volante L20.00 como regalo y de 4% a 19% de aumentos, ignorando a la Comisión Mediadora Gubernamental y al nuevo Comité y siguen política de estancar las negociaciones.

Pide que ordene a sus subordinados negociar de buena fe. Veintitrés mil huelguistas y sus familiares, incluyendo 75,000 mujeres y niños participan, caso contrario solicitarán ayuda al mundos.

La Comisión Mediadora asegura a la Tela Railroad que el nuevo Comité de Huelga es verdaderamente representativo. Reunión fijada para el 12 de junio. Honduras rechaza la oferta del Gobierno guatemalteco de suscribir un pacto de no agresión.

12: La Tela Railroad se reúne con Comisión Mediadora y Comité de Huelga. Acuerda enviar respuesta escrita al pliego de treinta puntos para el día. Los huelguistas en San Juancito y El Mochito llegan a un arreglo con la empresa, logrando aumentos escalonados de hasta el 25% sobre los salarios más bajos.

Se reinician las pláticas entre los representantes de la Tela Railroad y los huelguistas en San Pedro Sula. Sus representantes ratifican su Pliego de peticiones del 11 de mayo, eliminando el numeral 30 que fijaba como sede de las deliberaciones la ciudad de El Progreso. Actúa como vocero de la delegación huelguística el Secretario General del Comité Central de Huelga, Raúl Edgardo Estrada. La Federación Sindical Mundial se solidariza con los huelguistas y envía un mensaje de protesta al Presidente Gálvez.

13: Solucionada la huelga de los mineros de El Mochito. Los trabajadores obtuvieron aumentos del 25% y 20% y del 5 y 10%, 5 días de pago retroactivo y regresarán a sus labores a más tardar el 19 de junio.

José Roberto Panchamé, Secretario de Propaganda del Comité Central de Huelga justifica la aceptación de la propuesta de la Comisión Mediadora debido a "la situación a que puede llegar a afectar nuestra economía nacional; el sacrificio a que está expuesto el total de nuestros representados".

La Tela Railroad remite su respuesta a los treinta puntos del pliego de peticiones obreras y la envía a la Comisión Mediadora.

14: Willauer reporta al Departamento de Estado que el funcionario de la Embajada, Coerr, se entrevistó con el Alcalde Sebastián Pastor, quien ha intervenido en las negociaciones, habiéndole dicho que la respuesta de la empresa no difería de la incluida en la hoja suelta que proponía un bono por la cantidad de L20.00; que el Comité de Huelga se mantenía firme en la posición basada en el pliego de treinta puntos y que la Comisión Mediadora se encontraba frustrada por la "completa rigidez" de ambas partes. En oposición a la Standard Fruit y la Rosario Mining, la United Fruit rehusa permitir que la Comisión Mediadora examine sus libros de contabilidad.

Willauer y Coerr han examinado las afirmaciones del Alcalde Pastor y las encuentran correctas, con una excepción principal y dos secundarias.

La respuesta de la Tela Railroad acepta garantía de que no habrá represalias y dos puntos menores relativos a beneficios colaterales, pero agrega condición de que no haya ni huelgas ni paros en tres años y mantiene su posición original sobre incrementos salariales y, en ausencia de legislación, rehusa reconocer sindicato.

Willauer recomienda al Departamento de Estado que sugiera a la United Fruit abandonar la adherencia rígida a la hoja volante que distribuyó y que introduzca nueva oferta a través de la Comisión Mediadora basada en el análisis del costo de vida de los trabajadores y que considere la posibilidad de usar a la ORIT como mediadora, después de asegurar el acuerdo a la casa matriz de Boston, respecto a que la organización laboral en Honduras llegó para quedarse; los intereses norteamericanos requieren que la organización sindical sea conducida por organizaciones no comunistas como la ORIT, la que disfruta cierta ventaja en ser aceptada como organización latinoamericana.

Los trabajadores de las camiserías Roosevelt, Dayton y Única, de Tegucigalpa, presentan pliego de peticiones a los propietarios de las mismas, consistente en: salario mínimo de 13.00 diarios para todas las categorías de trabajo; aumento del 50% al salario devengado por obra y día; asistencia médica gratuita a todos los trabajadores; pago de salario doble por horas extraordinarias trabajadas. (El Chilío, 19 de junio de 1954, número 264, pp. 9,11.

15: Montgomery, representante de la United Fruit Co., en New Orleans, reporta al Departamento de Estado que no es necesaria la evacuación de mujeres y niños familiares de empleados estadounidenses de la empresa y que Gálvez le manifestó a Turnbull que no hay necesidad de evacuar. Verificó con los Comandantes de

Armas en la zona de huelga quienes reportaron que todo estaba en calma.

Willauer recomienda que la Tela proteja a su personal sin involucrar al Gobierno estadounidense en el plan de evacuación que ya está siendo emprendido por la empresa.

Cuatrocientas obreras de varias fábricas de camisas en Tegucigalpa se van a la huelga indefinida.

17: Diez trabajadores de la Camiseria Dayton fueron arrestados cuando trataron de que las obreras entraran a la fábrica.

18: Huelga en Tegucigalpa de la Fábrica de Hilados y Tejidos, Fábrica Nacional de Fósforos, Empresa Textil Río Lindo, Molino de Café El Indio.

Se presenta fianza para que sea puesto en libertad Coto pero se le ha formulado nuevo cargo y permanece detenido en la Penitenciaría Central, en Tegucigalpa.

22: La Comisión Mediadora ofrece un aumento máximo del 30%; para fines de mes, el Comité Central de Huelga aceptó la propuesta pero la Tela Railroad rehusó, afirmando que sus ganancias netas, después del pago de impuestos, solamente promediaban $8,000,000 anuales por lo que el pago de beneficios adicionales más amplios, le representaría un desembolso adicional de $3.5 millones anuales, mantuvo su posición de 19, 10 y 5%.

23: La ORIT, con respaldo de la AFL, solicitó al Gobierno hondureño permiso para que su representante, Arturo Jáuregui, llegara al país para celebrar conversaciones con los líderes no comunistas de la huelga. Funcionarios de la ORIT hablaron por teléfono con Estrada ofreciendo enviar tal ayuda así como ayuda financiera, recibiendo respuesta favorable.

24: Willauer reporta a Henry Holland, Subsecretario de Estado para Asuntos Interamericanos, que aproximadamente 1,500,000 días hombre han perdido los huelguistas y que le ha solicitado al Gobierno de Honduras averigüe como se han mantenido los trabajadores, investigando si se han enviado remesas de dinero que puedan ser vinculadas con fuentes comunistas.

25: Dulles notifica a la Embajada estadounidense en Tegucigalpa que Jáuregui es un Aprista exilado y que ha trabajado con la ORIT, "de manera efectiva y con imaginación" tanto en Uruguay como Brasil.

26: Son arrestados en El Progreso Ovidio Gómez (miembro de la Comisión de Alimentación), Marcos Santos (Prensa y Propaganda). En comunicado distribuido en El Progreso y firmado por Alberto Rosales Franco se afirma:

"La clase trabajadora está librando un dura batalla por algo más que un simple salario, está peleando su derecho a organizarse libremente para defender sus intereses presentes y futuros".

JULIO

2: Concluye la huelga de trabajadores de la Fábrica Nacional de Hilados y Tejidos, en Tegucigalpa, mediante arreglo verificado ante la Dirección General del Trabajo... "No fue posible a la empresa conceder por ahora el aumento de salarios solicitado".

8: En conversación sostenida con Willauer, Leddy, del Departamento de Estado informa que la recomendación de la Comisión Negociadora sobre aumentos salariales por el orden de L.13 millones encontró que la United Fruit Company tendría poca o ninguna ganancia erogando esa cantidad, por lo que se reveló que las ganancias de esa empresa en Honduras, durante 1953, habían sido de 125 millones que serían reducidos a L12 millones de acuerdo a la primera recomendación de la Comisión (13 millones); los impuestos a pagar en Estados Unidos y Honduras por el orden del 40%, disminuirían la ganancia a L7 millones o sea $3.5 millones. Ya que la inversión de la empresa en Honduras se afirma es de más de L100 millones, la ganancia de un poco más de 3% sería inadecuada para mantener financieramente saludable el negocio.

La actual oferta de la United Fruit Company, de alrededor de L8 millones en aumentos salariales reduce las ganancias a L17 millones antes del pago de impuestos los que, representando unos 16.5 millones dejaría una ganancia neta de casi L11 millones que en dólares darían un retorno de alrededor de 5.8% sobre la inversión, por lo que se considera que la oferta de la empresa de L8 millones es justa. El nuevo salario mínimo que pagará es de 14.8 ($2.04) diarios con beneficios adicionales de alrededor de $0.50 por día, la que es más del doble del salario mínimo que la economía de Honduras podría soportar. Se calcula por parte de los economistas del gobierno hondureño que L1.50 es el salario mínimo mayor que otros patrones podrían pagar actualmente en Honduras.

9: Se firmó en Tegucigalpa el convenio que puso fin a la huelga. El gerente de la Tela Railroad, William L. Taillon, pronunció discurso en que, entre otros conceptos, dijo:

"Se abre una nueva era que debe ser de comprensión, de estrecha cooperación y de sinceridad en las relaciones entre ambas partes. Si hubo diferencias en las discusiones y por el desarrollo de la huelga, esas diferencias deben desaparecer hoy mismo, definitivamente. De ese olvido generoso se derivarán beneficios indiscutibles para Honduras, para nuestros trabajadores y para la Empresa. Me gustaría que todos dijéramos: todo pasó sin que pasara nada".

Por el convenio alcanzado, el salario mínimo fue elevado a L4.6 diarios, comprometiéndose los huelguistas a reanudar las labores el 12 de julio, concediéndose un plazo de ocho días para que todos los trabajadores estuvieran en sus puestos. Para solucionar las diferencias que pudieran ocurrir en el futuro y mientras se emitía un Código de Trabajo, quedó funcionando un Comité Bipartito.

CAPÍTULO V: LA DIMENSIÓN INTERNACIONAL

No se puede estudiar las huelgas bananeras sin tomar en cuenta el contexto internacional, particularmente el centroamericano en que ocurrieron.

En otras páginas hemos visto los cambios sociopolíticos ocurridos en Guatemala a partir de 1944. La Revolución de Octubre como es conocido este movimiento en la historiografía guatemalteca, promovió la modernización capitalista en ese país. Los cambios allí implementados durante esa década, fueron dirigidos por una brillante generación de clase media urbana, contando con el apoyo del obrerismo y campesinado así como de sectores comerciales. Esta renovación de las estructuras arcaicas tuvo trascendencia más allá de las fronteras chapinas.

Anhelos de la clase obrera hondureña como código de trabajo, seguridad social, reforma agraria, eran una realidad, o empezaban a serlo, merced al apoyo estatal, en el vecino país del norte. La construcción de escuelas, hospitales, centros culturales, viviendas accesibles al ciudadano promedio, el combate al analfabetismo, las libertades de organización, opinión, sindicalización, eran tareas prioritarias de las administraciones Arévalo (1945-1951) y Arbenz (1951-1954).

Durante el gobierno de éste, se abordó el problema existente en el mundo rural, tanto en lo referente a la tenencia de la tierra como las relaciones socioeconómicas entre grandes terratenientes, nacionales y extranjeros, y sus trabajadores, en que se daban desde vestigios de la Colonia como el sistema de repartimiento (entre los cafetaleros y la mano de obra indígena) hasta la relación capitalista (entre la United Fruit Co. y los obreros de las plantaciones bananeras).

En 1952 se emitió la Ley de Reforma Agraria, la cual contemplaba la expropiación de tierras ociosas, de propiedad privada, y su reparto entre el campesinado, previa indemnización a sus propietarios mediante bonos gubernamentales a 25 años. El valor de la tierra era calculado de acuerdo a las declaraciones manifestadas en 1952 por sus propietarios para propósitos del pago de impuestos sobre la renta. La expropiación se inició en enero de 1953. Aquellos latifundios en que la tierra era cultivada estaban exentos de expropiación.

Al igual que en Honduras, el mayor propietario de tierras era la empresa bananera United Fruit Co., la cual no cultivaba más del 15%

de sus propiedades, alegando la necesidad de contar con tierras de reserva para combatir la Sigatoka. De allí que sus tierras quedaban sometidas a los preceptos agrarios recien promulgados. Susanne Jonas en la Revolución Guatemalteca de 1944-1954, afirma que de las más de 220,000 hectáreas propiedad de la empresa estadounidense, el gobierno de Arbenz le expropió casi 160,000 hectáreas, pagándole, en base a lo que había declarado la United Fruit, para propósitos fiscales, 1,185,115 quetzales. Ésta alegaba que solamente sus plantaciones en la costa del Pacífico ascendían a casi $16 millones.

La Administración Eisenhower, varios de cuyos más altos funcionarios habían sido asesores legales y/o accionistas de la United (Henry Cabot Lodge y los hermanos Allen, Director de la CIA y John Foster Dulles, Secretario de Estado), cuya política exterior se enmarcaba dentro de los parámetros maniqueos de la Guerra Fría, contaba con un motivo ad hoc, desde su punto de vista, para desestabilizar al gobierno popularmente electo de Guatemala.

Varios estudiosos coinciden en que los preparativos para tal efecto se habían iniciado con anterioridad a 1954, contando, a nivel local, con el apoyo del gobierno de Anastasio Somoza García en Nicaragua y las autoridades hondureñas y salvadoreñas. Como dice una estudiosa del período, mientras intensificaba su propio esfuerzo de propaganda, los Estados Unidos decidieron incluir a El Salvador, Honduras y Nicaragua en planes de defensa hemisférica. Se negociaron pactos de asistencia militar y se embarcaron armas.

El objetivo era "el hacer ver a los militares guatemaltecos la desventaja adicional de no cooperar con los Estados Unidos"... El aislar a Arbenz, el organizar descontento público y el establecer condiciones para un motín militar fueron las expectativas principales detrás de la decisión de Estados Unidos de armar a Honduras, El Salvador y Nicaragua.

Además, el Presidente Trujillo de la República Dominicana proporcionó algún financiamiento (a Castillo Armas), pero la ayuda principal procedente de Centro América llegó de los Presidentes Anastasio Somoza de Nicaragua y Juan Manuel Gálvez de Honduras. Trujillo y Somoza aparentemente proveyeron ayuda financiera antes de que los Estados Unidos hubiera decidido apoyar a Castillo Armas, y Gálvez permitió la base de entrenamiento para que las tropas de Castillo Armas fueran trasladadas de Nicaragua a Honduras Los

Estados Unidos estableció acuerdos de asistencia militar con Nicaragua y Honduras a principios de 1954 que estipulaban cooperación "en misiones importantes para la defensa del Hemisferio Occidental".

Además, la CIA estableció una estación de radio en Honduras que difundía mensajes derrotistas de la ciudad de Guatemala, al momento de la invasión. Sin estas ventajas locales, los Estados Unidos no hubieran sido capaces de entrenar las tropas en secreto, ni tampoco hubiera tenido el uso de bases aéreas desde las cuales los aviones de bombardeo pudieran operar. Previo a la penetración de territorio guatemalteco por las tropas de Castillo Armas, desde suelo hondureño, Estados Unidos había convocado a una reunión de Ministros de Relaciones Exteriores de los países americanos. La misma se reunió en Venezuela en 1954, la cual emitió una declaración contra el comunismo. Intentando capitalizar la declaración de Caracas, Washington acusó que los Comunistas guatemaltecos estaban creando inestabilidad a través de Centro América.

Por ejemplo, cuando el gobierno de Gálvez afirmó que una huelga masiva contra la división hondureña de la United Fruit Company era el resultado de la subversión comunista, el Departamento de Estado entusiastamente estuvo de acuerdo. La huelga empezó a principios de mayo, poco después de que tres nuevos cónsules guatemaltecos arribaron a la capital hondureña. Gálvez y Eisenhower acusaron a los cónsules y los declararon personas non gratas. Aunque Holland estaba renuente a magnificar el incidente, Dulles lo vio como una oportunidad "para difundir que allí hay indicaciones de influencia Comunista". Cuidadoso en evitar cualquier comentario que pudiera implicar que Eisenhower pudiera considerar el uso de la fuerza, el Secretario sugirió en su siguiente conferencia de prensa que "la llamada huelga en Honduras no es un fenómeno enteramente doméstico" y calificó su relación con los cónsules guatemaltecos "una interesante coincidencia".

Hubo otra coincidencia: el Departamento de Estado concluyó negociaciones sobre un pacto militar con Honduras (en abril había concluido uno con Nicaragua), que había estado buscando por un año. Pronto, tanques y bombarderos estratégicos de largo alcance asignados al Comando Aéreo Estratégico, así como armamento más pequeño, fueron transportados a ambos países para enfatizar la seriedad del compromiso de Washington[14].

¿Cuál fue la participación de Guatemala y su gobierno en el movimiento huelguístico hondureño? La respuesta es diversa, de acuerdo a las fuentes que se consulten. Para el caso Daniel James señaló el importante papel de la emisora oficial guatemalteca TGWA, que constantemente transmitía emisiones radiales especiales para estimular el ánimo de los obreros en huelga. La Confederación de Trabajadores de Guatemala, de acuerdo a James, anunció estar apoyando moral y financieramente a los huelguistas hondureños e instó a los trabajadores de la United Fruit Co., en Guatemala a organizar un paro de una hora en solidaridad con los huelguistas hondureños.

Según este autor, la intervención de Guatemala fue tan palpable e importante que el Ministerio de Relaciones Exteriores de Honduras emitió un comunicado oficial denunciandolo así y casi se llegó a la ruptura de relaciones diplomáticas (Inmerman, Richard M. The CIA in Guatemala: The foreing policy of intervention. Austin, The University of Texas Press, 1982, p. 155).

Guatemala, por medio de su Canciller Guillermo Toriello, negaba tener injerencia alguna en la zona bananera del norte hondureño. Por el contrario, Guatemala estaba siendo víctima de actos de intervención, agresión y provocación por parte de elementos al servicio de poderosos intereses no centroamericanos. El gobierno norteamericano buscaba evidentemente una vinculación entre las autoridades guatemaltecas y el movimiento huelguístico hondureño, a fin de encontrar argumentos poderosos que permitieran legitimar los preparativos, cada vez más intensos, para defenestrar al régimen de Arbenz.

En esta estrategia se utilizó la presión diplomática, la ayuda militar mediante asesores, abastecimiento de equipos, así como una masiva campaña de propaganda y guerra psicológica en la que participaban los medios masivos de comunicación tanto de los Estados Unidos como de otros países. Claramente se trataba, exitosamente, de aislar a Guatemala como paso previo a la invasión. Reproducimos cables intercambiados entre altos funcionarios del

---

[14] Wood, Bryce. The dismantling of the Good neighbor policy. Austin, The University of thr Texas Press, 1985, p.185.

Departamento de Estado como entre éste y su embajador en Honduras.

La lectura de los mismos permite entender los entretelones tanto del movimiento social hondureño como de la situación del gobierno guatemalteco desde el punto de vista oficial estadounidense. El 11 de mayo de 1954 el Secretario de Estado enviaba una detallada carta al Presidente Eisenhower, que por su importancia la reproducimos:

"En vista de la seria situación desarrollándose en el norte de Honduras y la implicación de una posible acción por los Estados Unidos, consideré importante que Ud. recibiera un breve reporte sobre el área. Un estimado de catorce mil empleados de la United Fruit en Honduras se fueron a una huelga general el cinco de mayo demandando un incremento salarial de cincuenta por ciento. Los huelguistas están excelentemente organizados, aún están evitando violencia, pero se están concentrando en puntos focales en el área bananera. El Ministro hondureño de Gobernación ha fuertemente recomendado al Presidente de Honduras una declaración inmediata de ley marcial en las áreas afectadas.

Simultáneamente, ha habido reportes de movimientos sospechosos de aviones y hombres desde Guatemala. Un avión guatemalteco llegó al área el primero de mayo sin permiso previo y fue detenido. El Embajador guatemalteco protestó la detención del avión y justificó su llegada repentina argumentando que las autoridades guatemaltecas están esperando un ataque armado a ser dirigido por un guatemalteco exilado desde Honduras y habían considerado la necesidad de comunicarse urgentemente con su Consulado en Puerto Cortés. Luego de esto, el gobierno hondureño consideró cerrar el consulado guatemalteco en Puerto Cortés y declaró persona non grata a dos representantes guatemaltecos.

Nuestra Embajada en Tegucigalpa está observando cuidadosamente la situación, especialmente por alguna evidencia de posibles movimientos desde Guatemala.

De acuerdo con los arreglos que se han estado desarrollando desde hace algún tiempo, las negociaciones entre los Estados Unidos y Honduras sobre un acuerdo de concesión de ayuda militar bilateral están fijadas para iniciarse el 17 de mayo.

A solicitud del Departamento de Estado, el Departamento de Defensa está preparando un plan que puede ser puesto en práctica para proporcionar asistencia militar directa a Honduras en el caso que el

Gobierno solicite tal asistencia a los Estados Unidos bajo el artículo 3 del Tratado de Río y también en el caso que el Gobierno de los Estados Unidos esté satisfecho que hay evidencia concluyente que Honduras está siendo sometida a un ataque armado por parte de Guatemala u otro Estado (*).

(*). Dulles & Eisenhower, en Slany, William Z. ed Op. Cit. pp. 1303-1305.

Al día siguiente la Embajada de Estados Unidos en Honduras recibía una misiva del Departamento de Estado comunicando que se había discutido con la United Fruit Co., y se había obtenido un acuerdo, siguiendo un plan que Ud. debe transmitir urgente pero discretamente a Gálvez como un enfoque sugerido al presente callejón sin salida laboral. El Presidente debe convocar imperiosamente a Tegucigalpa no solamente a aquellos dirigentes laborales específicamente nombrados cuya ausencia de la huelga despojaría a los huelguistas de liderazgo efectivo sino también a dirigentes específicos de la Compañía. La convocatoria a ser anunciada por el Presidente es con el propósito de una discusión y solución ordenada de las demandas legítimas de los trabajadores.

Una vez que los dirigentes laborales y empresariales estén en Tegucigalpa, el Presidente debe aconsejar a los trabajadores que las discusiones empezarán bajo la supervisión del Gobierno o del Presidente inmediatamente después que regresen a sus puestos de trabajo y el Gobierno verá que se les otorgue consideración constructiva. Mi esperanza es que la ausencia del área en huelga por parte de los dirigentes bajo estas circunstancias cesará el peligro de violencia y pueda encontrarse una solución pacífica. Por favor cablegrafíe sus reacciones.

Prontamente envíe sus recomendaciones específicas. Dulles[15]. El 23 de mayo Willauer se dirigía al Departamento de Estado en estos términos:

"Para la mayoría de hondureños, la huelga es aún puramente hondureña. Debemos darle el apoyo que requiere (el Presidente Gálvez). Yo creo que debemos darle el apoyo que él requiere (o su equivalente). Yo creo que este apoyo, si correctamente coordinado con la Embajada y el Presidente, puede asistirlo en su objetivo principal de dividir a los comunistas de los no comunistas. El

---

[15] Dulles a Willauer, 12 mayo 1954, en: Idem, pp. 1304-1305.

Memorándum también permite medidas de protección a ciudadanos de Estados Unidos dentro del marco de la asistencia anti-comunista a Honduras. Yo sugiero: 1) Sea autorizado para decirle al Presidente lo más pronto posible que hay barcos de guerra americanos en camino; 2) Estos barcos realicen maniobras no publicitadas lejos de la costa hondureña, pendientes de los acontecimientos; 3) Que se ordene al Comandante de tal fuerza que coordine estrechamente con la Embajada (Willauer al Departamento de Estado, 23 de mayo 1954 en Idem. P. 1306).

La respuesta del Secretario de Estado Dulles era ésta:

Usted está autorizado a informarle en confianza al Presidente Gálvez que barcos de guerra americanos están actualmente en ruta en el área del Caribe Occidental adyacente a Honduras. No arreglado con la Marina para que el Comandante mantenga contacto con la Embajada a través del Departamento de acuerdo con su recomendación Nº 3. El Departamento sugiere que Ud. recomiende que el Gobierno dé a conocer a la prensa substancialmente toda la información en el memorándum confidencial bajo referencia. Ud. puede aconsejar al Presidente Gálvez que el Departamento tiene bajo el más estrecho estudio, al más alto nivel, la amenaza representada por el problema comunista en Guatemala, incluyendo su solicitud para apoyo por parte de los Estados Unidos bajo el Tratado de Río, en caso de emergencia Ud. será inmediatamente aconsejado de la decisión del Departamento. La Marina afirma que están preparados para enviar barcos a puertos hondureños en pocas horas para evacuar a ciudadanos americanos. Dulles" (Dulles a Willauer, 24 de mayo 1954, telegrama 489, en Idem, p. 1306-07).

Otro memorándum del Secretario de Estado a la representación diplomática en Honduras decía:

"Holland habló con Montgomery el día cinco sobre el interés del Departamento en la solución de la huelga como esencial para la estabilidad centroamericana ante la amenaza del comunismo guatemalteco (y posible consulta a la OEA) y su estimación que los dirigentes anti-comunistas se beneficiarían de una escala salarial más alta por parte de la United Fruit Company que de la Standard. Montgomery reportó anoche, después de telefonear a Turnbull en La Lima, la oferta de la United Fruit Company de 19%, 10% y 5% de aumentos (que él dijo son substancialmente mejores, con beneficios colaterales, que los de la Standard), será probablemente aceptada y la huelga concluirá el nueve, pero hoy la United Fruit Company no está tan optimista debido a otro cambio en la dirigencia de los huelguistas a media noche; el Obispo Capdevilla persevera en intentar que los huelguistas acepten la oferta arriba indicada hoy, oferta que la United Fruit explicaría en hojas volantes, estimulándolos a que regresen a trabajar, lo que cree es deseado por muchos empleados... Continuando su estrecho contacto con funcio narios de la United Fruit y del Gobierno, Ud. debe, sin intervenir en tomas específicas, discretamente ejercer influencia sobre ambos hacia un pronto arreglo sobre bases duraderas, dejando claro a Gálvez que consideramos lo más deseable la estabilidad interna de Honduras antes de la sesión de la OEA" (Dulles a Willauer, 6 de junio 1954, Telegrama 522 en Idem, p.1307).

Esta extensa correspondencia aquí reproducida muestra la pretendida conexión guatemalteca con los movimientos huelguísticos hondureños, los temores, fundados o infundados de los hacedores de la política exterior norteamericana con respecto a la presencia comunista en la Administración Arbenz, las presiones, sutiles unas, abiertas otras, ejercidas sobre el gobierno hondureño, siendo Honduras una pieza clave en los planes desestabilizadores estadounidenses. El uso de territorio nacional para el entrenamiento de las fuerzas opositoras al régimen guatemalteco fue un factor esencial para el éxito de la campaña encabezada por Castillo Armas.

Una autora hondureña, admiradora del coronel guatemalteco exilado en Honduras opina así respecto al involucramiento guatemalteco en las huelgas:

"Si aún conservábamos alguna duda sobre la infiltración comunista de Guatemala por nuestras fronteras, el grito de casi treinta mil trabajadores de la Costa Norte de Honduras, lanzado al unísono el Primero de Mayo de 1954, sin un antecedente que delatara aquella intención, nos demostraba evidentemente que el peligro habíase declarado perjudicando no sólo a las Compañías bananeras red establecidas en nuestro territorio... sino perjudicando a empresas particulares y muy especialmente nuestra tranquilidad y economía nacionales... El comunismo trabajaba bien en Honduras, y mientras nuestro Gobierno trataba de armonizar las partes para que patronos y de trabajadores entraran en arreglo, fracasaban las negociaciones por las exigencias sin medida del movimiento huelguista que también estaba desconociendo la autoridad del Jefe de la Nación, demostrando estar muy bien aconsejado y respaldado por armamentos que las expediciones militares fueron descubriendo a lo largo de la costa. Hacía dos años que el gobierno guatemalteco trabajaba en aquella empresa sin que nos apercibiéramos de tales designios, pero dos meses antes de estallar la huelga ya se sabían las maquinaciones organizadas como principio de una revolución que ensangrentaría el suelo de dos países..." (Moya Posas, Emma. La Jornada épica de Castillo Armas vista desde Honduras. Tegucigalpa, La República, 1955, pp. 19, 21).

Una versión diferente la ofrece un hondureño entonces residente en Guatemala, luego de haber participado en un fallido intento por derrocar a Carías. De acuerdo a su testimonio, una parte de los emigrados hondureños en ese país contribuyeron con colectas en efectivo. Lo mismo hicieron algunas federaciones obreras chapinas. Estas sumas se hicieron llegar a los huelguistas. El gobierno guatemalteco no otorgó ayuda a los paros que se llevaban a cabo en la Costa Norte. Varios hondureños radicados en Guatemala estaban organizados en el Frente Democrático Revolucionario, entre ellos Jacobo Galindo, Andrés Alvarado Puerto, Francisco Sánchez Reyes, (más conocido como el Indio Sánchez), Mario Sosa Navarro. Se encargaron de la colecta el Dr. Ernesto Fiallos y Luis Manuel Zúniga Saravia (*).

(*). Entrevista concedida al autor por Mario Sosa Navarro, marzo de 1994.

El gobierno de Árbenz, de acuerdo a esta versión, no envió ayuda a los parados.

La Central de Trabajadores de América Latina protestó ante el gobierno hondureño y abogó por la causa huelguística en varias ocasiones. Así, desde México, Vicente Lombardo Toledano enviaba cable al Presidente hondureño el siete de mayo, en estos términos:

"Confederación Trabajadores América Latina pide nombre millones trabajadores cese represión por fuerza ejército contra justa huelga trabajadores bananeros y ferroviarios para lograr mejores salarios y condiciones de vida. Demandamos respeto derechos sindicales y vida trabajadores".

Otro mensaje enviaba el 15 de mayo al Sindicato de Transporte y Mecánica de La Lima, que decía:

"Inmediatamente tuvimos informe huelga CTAL procedió promover solidaridad enviando mensajes Gobiernos Centrales afiliadas continente y FSM. Continuamos campaña y nos urge información detallada situación y formas ayuda quieran. Favor acusar recibo este telegrama". La Época, 27 de mayo 1954, p.5.

Un diario capitalino informaba que la Confederación General de Trabajadores de Guatemala, el Sindicato de Periodistas y el Sindicato de Maestros de la Educación de Guatemala se habían dirigido al gobierno hondureño pidiéndole que respetara la huelga de los trabajadores de la Costa Norte; también se habían dirigido a la United Fruit, exigiéndole que atendiera los justos reclamos de sus trabajadores.

Se remitió mensaje al Rector de la Universidad Nacional, Jorge Fidel Durón, a fin de que interviniera en favor de los huelguistas. A las potencias mundiales reunidas para ese entonces en Ginebra, se les cablegrafió exponiéndoles la razón que asistía a los huelguistas hondureños.

En opinión del editorialista Julián López Pineda, el movimiento huelguístico hondureño podía verse perjudicado por la resonancia internacional que el mismo suscitaba entre sectores de la izquierda. Comentando específicamente el cable de protesta enviado por la Confederación General de Trabajadores de Guatemala al Presidente Gálvez, consideraba esa acción como una intromisión de la CGTG en el movimiento huelguístico de la Costa Norte de Honduras (y) un amago de intervención del comunismo internacional en asuntos internos de nuestro país, que competen exclusivamente a los hondureños.

"El conflicto no tiene repercusiones política internas ni internacionales. Se trata de un movimiento de masas de trabajadores que reclaman mejores condiciones de vida. De suerte que cualquier injerencia extranjera, especialmente comunista, en este movimiento netamente hondureño, vendría a adulterarlo, desplazándolo de su plataforma nacional para trasladarlo al plano internacional, complicando así el problema y dificultando su solución".

El citado periodista estaba en lo correcto al señalar la naturaleza autóctona del conflicto laboral pero se equivocaba al no percatarse que, dada la magnitud del mismo, conllevaba repercusiones políticas endógenas y exógenas.

Además, la lucha se daba entre dos bandos de desigual fuerza y poderío: de un lado, la corporación multinacional agrícola más poderosa en el área del Caribe, a la cual se le conocía como "El Pulpo" por su carácter monopólico, contando con influyentes voces y cabildeos en los corredores del Senado, Congreso, Pentagono, Departamento de Estado y la misma Casa Blanca; y, de otro, asalariados en reclamo de mejoras salariales, de un trato digno, del derecho a organizarse, de negociar condiciones de trabajo de manera colectiva.

La fuerza de éstos radicaba en su número cada vez mayor a medida que asalariados de otros centros laborales planteaban sus propias reivindicaciones, en la simpatía y apoyo, si bien más que todo pasivo, de amplios sectores tanto al interior del país como más allá de nuestras fronteras. La unidad de los en paro era otro factor decisivo para tener posibilidades de éxito; empero, como se ha visto en otros capítulos, las divisiones y faccionalismos, de carácter ideológico, debilitaron significativamente el movimiento huelguístico durante el desarrollo del movimiento y después de su finalización.

De allí que, existiendo una enorme desigualdad entre los dos contendientes, el menos fuerte necesitaba contar con la solidaridad clasista y con aquellos recursos que pudiera obtener, particularmente si éstos no venían precedidos de condicionamientos. Como hemos visto, estos apoyos fueron muy modestos, aún en el plano moral.

El conflicto laboral, desafortunadamente, se vio atrapado en las redes de la Guerra Fría. La visión unidimensional de la política exterior de los Estados Unidos lo percibió como una conspiración comunista, manipulada por el régimen de Arbenz Guzmán con el propósito de desviar, así fuera mínimamente, el celo y la energía desplegada en contra de un gobierno electo libremente por el pueblo guatemalteco.

CAPÍTULO VI: PARTICIPACIÓN DE LA MUJER EN LAS HUELGAS DE 1954

Ella tuvo una activa intervención en los movimientos sociales de ese año, bien como participante o en un papel de apoyo.

En el primer grupo tenemos que incluir tanto a la dirigente como a la que, de manera anónima, pero no por ello menos importante, estuvo en el lugar de los hechos. A nivel directriz, solamente conocemos un caso: el de Teresina Rossi, en el distrito de Tela. Como su apellido lo indica, su padre era italiano, traído por la United Fruit Co., desde Sur América. Teresina, de madre hondureña, laboraba como secretaria en el Departamento de Materiales y Abastecimientos, más conocido por sus siglas en inglés (M & S). Rossi simpatizaba con el ideario de Vanguardia Revolucionaria, por considerar que sus planteamientos eran justos y apegados a la verdad. Pese a ser empleada de oficina, a contar con una hermosa tez blanca (en una época aún cargada de prejuicios raciales), a pertenecer a una secta protestante, de manera espontánea e instintiva se identificaba con la problemática del trabajador manual bananero.

Ya en el mes de abril, Teresina jugó un papel activo en la zona teleña, realizando labor de concientización, distribuyendo volantes y panfletos. Al estallar la huelga, Rossi fue nombrada por los trabajadores como Secretaria del Comité local de huelga. Por razones tácticas, Francisco Ríos dejó la dirección del Primer Comité y se decidió que fuera Rossi quien fungiera como Presidenta del Comité Ejecutivo de Huelga, puesto que desempeñó hasta el descabezamiento del mismo. Ella contó con colaboradoras espontáneas en el transcurso del movimiento en Tela. Entre ellas, las señoritas Amanda y Norma Chavarría, hijas del Dr. Chavarría de Olanchito, quien prestaba sus servicios profesionales para la United Fruit. Ambas hermanas reproducían comunicados y disposiciones del Comité local de huelga. Otras cooperantes en ese puerto fueron: las enfermeras Panchita Salinas de Castillo, Marina Fúnez de Graugnard, Marina Aceituno, Inesita Murillo. Aura Santos, dotada de una bella voz, entretenía a los huelguistas en las concentraciones interpretando melodías. En labores de cocina, Evangelina Munguía era la encargada de la bodega alimenticia. En otras actividades se desempeñaron Odilia Fuentes de Castañeda, Corina Escobar de Canales (maestra).

Mención especial debe hacerse de aquellas mujeres anónimas, compañeras muchas veces de los campeños, que realizaban labores cotidianas agotadoras: moler café, echar tortillas, cocinar bananos.

Obviamente, la manutención diaria de miles de personas era esencial para la supervivencia del movimiento huelguístico. Si la United Fruit Co. pensó que por hambre capitularían los parados, este cálculo fracasó. Ya hemos visto como ciertos representantes de la clase comercial, nacional y extranjera, así como algunos ganaderos colaboraron espontáneamente abasteciendo de vituallas a los obreros. La conducta mantenida por los hombres para con las mujeres fue ejemplar. Los casos de abusos sexuales fueron aislados y las comisiones de vigilancia se encargaban de castigar a los infractores, imponiendo sanciones. Recuérdese que los huelguistas de hecho ejercían la autoridad en sus respectivas comunidades, siendo una de sus funciones la de administrar justicia. En las huelgas de las fábricas textiles, las mujeres desempeñaron un papel de primera línea. Ellas constituían la casi totalidad de la fuerza laboral en los centros de confección de fábricas y camisas, devengando magros salarios. Muchas de ellas dejaron los mejores años de sus vidas uncidas, por así decirlo, a las máquinas de coser. Fue del gremio de las camiseras de donde surgió una destacada dirigente, en la capital hondureña: Lolita Caballero, militante en el Partido Comunista.

También las mujeres jugaron un discreto, pero no por ello menos eficaz papel de apoyo a sus esposos y compañeros, como propagandistas. Evoco aquí el nombre de Noemí de Ramos Bejarano, quien, mientras su cónyuge permanecía oculto en El Progreso, dirigiendo el apoyo del Partido Comunista a la huelga, ella distribuía El Chilío, periódico de crítica impreso en Tegucigalpa. Desde aquí era enviada una parte de la edición a la Costa Norte, para su distribución.

Existiendo ya un público lector ansioso por conocer versiones distintas a las oficiales, su venta era realizada rápidamente. En los años previos a la huelga, doña Noemí también se había encargado de hacer circular Vanguardia Revolucionaria, con el riesgo que implicaba una acción de este tipo, siendo que el Gobierno lo consideraba un órgano contentivo de ideas críticas al sistema.

En Tegucigalpa, la Asociación de Mujeres Universitarias declaró su solidaridad con el movimiento huelguístico "en vista de que la Huelga de Trabajadores de la United Fruit Company es un problema que atañe a los hondureños todos".

Uno de los considerandos de su pronunciamiento hacía referencia al hecho que no existiendo una legislación concreta que resolviera conflictos laborales, "la huelga es un recurso heroico que impulsa hacia el establecimiento de una condición de vida que favorezca a las masas trabajadoras en los campos de la United Fruit Company".

La Federación de Asociaciones Femeninas de Honduras que entre sus objetivos tenía el otorgamiento del derecho al voto para la mujer, también hacía constar su respaldo a los parados, ya que "encontrando justas estas peticiones que se basan en la Declaración de los Derechos Humanos, hace pública manifestación de solidaridad con los trabajadores de la Costa Norte, al mismo tiempo que los felicita por la forma ordenada en que se han comportado, dando un verdadero ejemplo de civismo. La F.A.F.H. reclama del Poder Ejecutivo la solución correcta y pronta al problema planteado por nuestros trabajadores".

La Cruz Roja Hondureña, presidida por doña Enriqueta de Lázarus, se desplazó a la Costa Norte, llevando medicinas y asistencia profesional. En suma, el papel de la mujer durante el desarrollo del movimiento huelguístico, fue activo, incorporándose al mismo bien en labores de apoyo, bien en funciones más visibles. El mero hecho de participar en él fue todo un aprendizaje. Comprendieron las hondureñas de ese entonces que las fuerzas ocultas que afectaban a sus esposos y compañeros, también moldeaban sus vidas y las de sus hijos. Entendieron que su destino iba más allá de aquél que convencionalmente les había asignado la sociedad tradicional. En fin, se percataron que ellas podían, y debían ser intérpretes y no espectadoras, en la construcción del presente y el futuro.

CAPÍTULO VII: LA ACTITUD GUBERNAMENTAL ANTE LAS HUELGAS DE 1954

El estallido de la huelga de los trabajadores de la United Fruit Co. tomó a la Administración Gálvez por sorpresa. Aparentemente, no se percataba de la amplitud del descontento generalizado entre el proletariado. Pero no puede atribuirse exclusivamente a una falla en los servicios de inteligencia gubernamentales la reacción inicial presidencial.A partir de su ascenso al poder, se había practicado una doble actitud hacia el obrerismo: una de tolerancia en la región central hondureña y otra de hostilidad, por parte de las empresas bananeras y de connivencia por parte del Estado.

Un sociólogo nacional (Mario Posas), atribuye esa dualidad en la política social a la escasa integración física del país y a una tenue e inexistente integración del mercado nacional que se expresa en una precaria integración política de todas las regiones del país al Estado Nacional, provocando un manifiesto predominio de formas de poder local o regional sobre la instancia integradora del Estado... Tales rasgos estructurales permiten a las compañías bananeras actuar todopoderosamente en el área que cubren sus plantaciones. Conviene no olvidar la poderosa influencia de las compañías bananeras cuyos intereses están allí bien representados sobre el aparato de dominación social. Su influencia en la política estatal es tan determinante que lleva a Medardo Mejía a acuñar la frase: "Un Estado dentro de una Compañía".

Hemos visto que con anterioridad a 1954 el Estado había emitido legislación de carácter laboral; empero, su aplicación era potestativa y no obligatoria, por lo que quedaba a discreción del empleador su cumplimiento o no.

También examinamos que la chispa que desencadenó la tormenta fue la negativa por parte de la United Fruit a pagar jornal doble a los muelleros que habían cargado banano en día no laborable, de acuerdo a nuestra legislación.

Es probable que el Gobierno central supusiera que el estallido huelguístico iba a ser de muy corta duración. Si esta hipótesis es correcta, se subestimó tanto la capacidad organizativa obrera así como su determinación y espíritu de lucha, así como el amplio respaldo que los paros recibieron por parte de diversos sectores sociales. Tampoco se tomó en cuenta, entonces, la inflexibilidad y falta de pragmatismo, en lo que respecta a las relaciones laborales, por parte de la empresa bananera.

Los contemporáneos fueron críticos de la actitud inicial gubernamental. El periodista Ramiro Carvajal escribía en Diario El Cronista el 7 de julio de 1954:

"Hubo lentitud oficial en iniciar u organizar una Junta de Conciliación con el objeto de buscarle solución al conflicto".

Un corresponsal extranjero también desaprobaba la primera actitud de la Administración, en estos términos:

"El Gobierno del Doctor Gálvez ha sido indiferente y sólo porque el problema está poniendo en peligro la estabilidad de su moneda y ha disminuido las entradas del Fisco en más de diez millones de dólares y viendo que amenaza el hambre para más de la cuarta parte de la población que está regada en la Costa Norte, es que ha tomado cartas en el asunto, pero no como estadista y con el deseo de beneficiar a la masa, sino como dictador que ya le cansa el problema y que ve que se le puede volver una tremenda revolución nacional que puede ser aprovechada por elementos izquierdistas o por los descontentos de su política. Gálvez está obrando como si todavía fuera el apoderado de la United Fruit Company y no como gobernante asesorado que trata de buscar lo que más conviene al pueblo y al país entero"[16].

Cuando se produjo el estancamiento en las negociaciones, el Gobierno nombró una Comisión negociadora, inicialmente conformada por Sebastián Pastor, Jefe del Concejo Distrital de San Pedro Sula, Coronel Armando Velásquez Cerrato, Jefe del Estado Mayor y Carlos H. Matute, asesor técnico del Banco Central y del Banco Nacional de Fomento, en el área de Finanzas.

El Comité Ejecutivo de la Huelga se hizo presente a la primera sesión convocada para el 31 de mayo; la representación patronal no compareció.

El hecho que hubieran transcurrido veintiún días antes de que el Estado asumiera un papel activo, era criticado así:

"Hubo lentitud oficial en iniciar u organizar una Junta de Conciliación, con el objeto de buscarle solución al conflicto. Por el hecho de haber solicitado la Comisión Mediadora una serie de datos ordinarios a la Tela Railroad ata Co., se deduce que la Dirección

---

[16] Nediergang, Marcel. Reportaje publicado en El Gran Diario de Managua, reproducido en El Cronista, 3 de julio 1954, p.3.

General del Trabajo y la Inspectoría General del Trabajo o el Ministerio respectivo, no llevan la correspondiente estadística, tan necesaria para orientar los estudios y la emisión próxima de las leyes laborales... Da la impresión de que las mencionadas oficinas gubernamentales ni siquiera tienen detalles del tanto por ciento que el obrero gasta de sus salarios en alimentación, cantidad de brazos ocupados en las empresas concesionarias y otros parecidos medios de información.... (La Huelga y su orientación social, 30 de junio 1954, pp.1,4).

La Comisión Gubernamental había alcanzado un logro al solucionar la huelga de los trabajadores de la Standard Fruit Co. Si bien éstos inicialmente también demandaban un aumento salarial en el pago doble en horas extras laboradas, al final accedieron a reducir substancialmente sus peticiones, lo que, como se vio con anterioridad, generó descontento e insatisfacción entre los obreros. El partido opositor solicitaba al Gobierno que interviniera en el conflicto laboral, no para reprimir a los huelguistas "sino para armonizar, con elevado espíritu patriótico, y a base de equidad y de justicia, los intereses en pugna de ambas partes... Nuestro poderoso Instituto político verá con simpatía cualquier iniciativa gubernamental que tienda a darle solución al conflicto, desde luego, toda vez que tal la solución no lesionó ni los intereses de los trabajadores ni los intereses de la empresa... (Partido Liberal y la huelga. El Pueblo, 8 de mayo de 1954, pp.1,4).

Una vez aceptado el papel mediador de la comisión gubernamental, el Comité Central de Huelga accedió a que las negociaciones se llevaran a cabo en San Pedro Sula, en el Palacio Municipal, en vez de El Progreso, como era su deseo. Las pláticas dieron inicio el 28 de mayo pero cuatro días después ya estaban rotas debido a la actitud adoptada por la empresa bananera.

Las acusaciones de "comunistas" lanzadas por ésta contra varios de los dirigentes del Comité Central de Huelga: César Augusto Coto, Juan R. Canales, Francisco Ríos, más otros miembros de los comités seccionales: Manuel Sierra, Francisco Cardona Cazaña, Modesto Rubio, Rubén Portillo, Pablo Nuila, Gonzalo Bardales, Cándido Sabillón, de La Lima; Marcos Santos, Mario García, Gabriel David, Benigno González, de El Progreso; Gregorio Ferrera, Teresina Rossi, Carlos F. Somoza, Galileo Portillo, Luis A. Bueso, Ignacio Paz, Luis F. Guevara, de Tela; Martin Bonilla, Harold Jackson, Antonio

Fajardo, de Puerto Cortés, Juan B. Díaz, de Bataan, hizo que el Estado hondureño procediera bien a su captura y encarcelamiento, bien a incoar procesos judiciales, bien a su persecución y hostigamiento[17].

La acción represiva estatal, más la división entre la dirigencia obrera por un lado y Manuel de J. Valencia, por otra, no sólo debilitaron al movimiento huelguístico, sino que descabezaron a los líderes más íntegros y honestos, que aunaban a su juventud, desprendimiento y firmeza de convicciones, siendo desplazados en su gran mayoría, por otros menos consecuentes, con menor visión política y de clase y, algunos de ellos, dispuestos a aceptar prebendas y favores económicos, tanto por parte del Gobierno como de la Tela Railroad.

Si el caso más conocido es el de Manuel de J. Valencia, quien inicialmente contó con el apoyo gubernamental y empresarial, los casos de colaboracionismo por parte de otros dirigentes obreros, durante y después de la conclusión del movimiento huelguístico, también deben de ser registrados. Y es que el Gobierno, de manera astuta, a fin de romper la unidad proletaria, recurrió, al igual que las empresas fruteras, al uso del soborno. Este procedimiento rindió sus frutos: logró comprar conciencias y voluntades, institucionalizando la corrupción y el divisionismo al interior del obrerismo organizado. Consideraciones ideológicas y razones oportunistas, de carácter material, debilitaron congénitamente al movimiento de masas.

Ante el nuevo estilo utilizado por el Gobierno, y el sector patronal, más efectivo y sofisticado que el recurso a la violencia (aunque ésta siempre permaneció latente, lista a ser aplicada cuando otros métodos fallaban), no faltaron aquellos que, contemplando las nuevas posibilidades que abría el colaboraciomismo, así fuera traicionando los intereses de clase, estuvieron anuentes y dispuestos a ser manipulados, y a la vez manipular, a presentarse como la opción "razonable ante la intransigencia"; así, mientras unos sufrían cárcel y acoso, otros eran premiados con metálico, becas y promociones dentro de la recién constituida burocracia sindical.

Al reanudarse las negociaciones, constituido otro Comité Central de Huelga más dispuesto a transar en términos favorables a la United, en nombre de la Comisión Mediadora pronunció un discurso Tomás Cálix Moncada, en el que hizo una revisión de la situación económica

---

[17] Carta de Raúl Edgardo Estrada a Tomás Calix Moncada con fecha 12 de julio1954, reproducida en El Cronista, 16 julio 1954, p1.

existente como resultado del conflicto laboral, resaltando la reducción en la economía de exportación, la paralización de los medios de transporte, dificultando la circulación de bienes con la siguiente carestía; el comercio y la industria no había podido proveerse de mercancías y materias primas, a la vez que sus ventas habían descendido como producto de la falta de ingresos de los trabajadores.

La contracción también impactaba los negocios y las operaciones bancarias; parálisis de las importaciones y las existencias de artículos de consumo procedentes del extranjero se estaban agotando; el estancamiento de las exportaciones no permitía acumulación de divisas, el Estado era afectado por la disminución de las rentas provenientes de los derechos de importación y exportación: de continuar la huelga probablemente disminuirían los ingresos fiscales provenientes del Impuesto Sobre la Renta.

Además de Cálix Moncada (Vicepresidente del Banco Central) otros integrantes de la comisión gubernamental eran: por el Ministerio de Fomento y Trabajo, el Abogado Francisco G. Velásquez, el economista Carlos H. Matute, asesor del Banco Nacional de Fomento; Ricardo Callejas, contador, Superintendente del Banco Central, Luis Flores y Sebastián R. Pastor, representante personal del Presidente.

En el toma y daca de las negociaciones, la Comisión Mediadora trató de acercar las posiciones respectivas de la empresa y la de los huelguistas. La propuesta inicial de la Tela Railroad fue desestimada por éstos ya que, originalmente solicitaban aumentos que hubieran elevado los gastos de la frutera en más de 149,000.000 anuales, lo que fue rehusado por la bananera.

Ante ello, los mediadores pidieron aumentos salariales en el orden de L31,000,000 anuales, lo que también fue rehusado por la filial de la United Fruit.

Algunos de los argumentos de la Tela Railroad Co. eran éstos: durante el período de 1950 a 1953 había aumentado sus inversiones en edificios de 120,000,000 a 128,000,000, aproximadamente en 34%. Los fondos empleados para alojamiento de empleados durante el mismo período habían aumentado de L14,000.000 a L20,000,000, casi un 32%. El pago de salarios aumentó de L28,000,000 a 38,000,000, un alza de aproximadamente el 34%.

El área dedicada al cultivo del banano había bajado, entre 1950 a 1954, de 36,000 a 28,000 acres. En campos pagados aparecidos en la prensa nacional, la Tela Railroad afirmaba que con cada semana que pasaba los trabajadores dejaban de percibir, en concepto de salarios L700,000. A esta afirmación replicaba un periódico pro-obrero:

"La cantidad es enorme para que los explotados y oprimidos trabajadores hondureños la pierdan, Lo duro del caso, para la Compañía, es que esa cantidad no la perderán los obreros. Es una de las primeras reivindicaciones. Y, la Compañía ¿cuántos miles de lempiras pierde con cada semana que pasa? De esto no nos dice nada, para que no sepamos el monto gigantesco, extraordinariamente gigantesco de sus ganancias, de sus máximos beneficios a costa de la sangre, el hambre y sudor de nuestros desamparados trabajadores" (El Pueblo, 27 de mayo de 1954, p.3).

La Tela Railroad presentó una propuesta por L7,000,000 anuales en aumentos, que, de acuerdo a su versión representaban la mitad de las ganancias netas de la Empresa deducidos los impuestos sobre la renta. Esa propuesta fue presentada el primero de julio, la misma fue impugnada por los huelguistas eventualmente, la Comisión mediadora propuso aumentos por L13,000,000, lo que fue aceptado por la delegación obrera, cifra inaceptable para la empresa frutera, "pues la dejaría sin utilidad y sin fondos para las reinversiones necesarias para las nuevas siembras de acuerdo al Departamento de Relaciones Públicas de la Tela Railroad" (Diario El Pueblo, 5 de julio de 1954, pp. 1,4).

Conforme a las investigaciones realizadas por la Comisión Mediadora el promedio de utilidades obtenidas por la Tela Railroad en Honduras, de 1949, a 1952 había sido de 26,223,462 anuales. Desconocía las ganancias correspondientes a 1953, pero asumía, andaban en el mismo rango.

El pliego original de peticiones de los huelguistas, firmado por Juan B. Canales, Delegado por Puerto Cortés, César Augusto Coto, Delegado por La Lima, Santos Lilio Pineda, Delegado por El Progreso y Luis B. Yanes, Delegado por Tela, demandaba erogaciones, por parte de la Tela Railroad, en el orden de 59,859,400 en tanto la propuesta original de la empresa frutera ascendía a 5,172,200, lo que representaba 19,7% del promedio de utilidades anuales del consorcio bananero. Estaba fechado el 11 de mayo. La Comisión mediadora proponía la suma de L13,009,500, esto es, el 49.60% de las ganancias anuales de la empresa. De acuerdo a su informe, la petición obrera, posterior a la entrega del pliego de peticiones de treinta puntos, fue ampliada, "consignando porcentajes mucho más altos".

La contestación de la Tela Railroad a ese petitorio, proponía aumentos que iban del 5% al 19%, Estaba fechada el 13 de junio.

La Comisión Mediadora admitía el alto costo de la vida en la Costa Norte, lo que justificaba los aumentos reclamados; el meollo de la discusión giraba en torno al monto de los incrementos. Tratando de encontrar un punto equidistante entre ambas posiciones encontradas, proponía un máximo de 30% y un mínimo de 10% y, para los que ganaban hasta 160.00 mensuales, el 40% y para los que devengaban de L201 a 1300.00 el 5%.

Afirmaba que su propósito era favorecer a los trabajadores de más bajos niveles salariales y era de opinión que en el convenio que firmaran las partes se estableciera la revisión del mismo por medio de la Comisión Permanente de Conciliación, el compromiso, tanto de la empresa como de los trabajadores, de no recurrir al paro o a la huelga sin antes haberse agotado todos los medios conciliatorios y la obligación de los trabajadores de no reducir el ritmo de trabajo acostumbrado, bajo penas de despido.

Una nota enviada por el Comité Central de Huelga, casi desconocida, es muy informativa por cuanto revela datos relativos a "la explotación ejercida por empleados *claves* de la empresa, quienes ansiosos de recibir bonificaciones suculentas, toda clase de consideraciones, aumento de sueldos y promociones, no han escatimado oportunidad de extorsionar a los trabajadores y para ello han aplicado las tasas mínimas de la escala oficialmente aprobada por la empresa en su presupuesto general; logrando de tan torpe manera reducir los costos de producción.

Este hecho notorio debe ser conocido en las altas esferas de la Empresa, puesto que sólo la revisión de sus archivos ofrece toda la evidencia del caso, sin embargo, ha sido completamente ignorado por la masa de trabajadores, siendo en nuestro concepto la causa principal que dio origen al conflicto. Ocurre algo más, muchos de los trabajadores especializados en faenas no contínuas, tales como los corteros, junteros, muleros, etc., han aceptado las tasas mínimas del pago, aplicar a otras faenas agrícolas mal remuneradas, con el fin de aprovechar el tiempo desocupado entre un corte y otro y además retener sus enganches en los trabajos en los cuales están especializados. Esta circunstancia ha sido también motivo del abuso denunciado[18].

Un artículo periodístico que analizaba las causas de la huelga apuntalaba esta denuncia de explotación de unos obreros privilegiados hacia otros. Decía así:

"Algunos empleados de la Tela Railroad Company, por inmoralidad administrativa, pagan la construcción de zanjas, chapeo y otros trabajos, a menor precio de los que ha presupuestado la empresa. Asimismo, las labores que anteriormente se encomendaban a cinco personas, hoy las desempeñan tres trabajadores, en perjuicio de su bienestar y la economía nacional. Cobran el valor de las medicinashing y honorarios del médico, además del 2% de sus salarios que paga el trabajador, cuando éste hospitaliza a su mujer e hijos. Se emplean, para los hondureños, medicinas de la clase barata. Y en cuanto a otras parcialidades, no faltan casos, como como el de darle alta en los hospitales antes de su completa curación o se le postergan sus exámenes médicos en los dispensarios , por atender a los particulares" (El Heraldo, número 396, 15 de mayo de 1954, p.5).

La contrarréplica obrera a la propuesta de la Tela Railroad estaba firmada por Raúl Ex Estrada, Secretario General del Comité Central de Huelga Antonio Rodillo B., Secretario de Organización, Manuel de J. Valencia, Secretario de Finanzas, José Roberto Panchamé, Secretario de Prensa y Propaganda, Rufino Sosa, Secretario de Actas. Las cifras económicas en discusión fueron reduciéndose, en desmedro de las aspiraciones obreras. Al final del conflicto, al suscribirse en Tegucigalpa los días 8 y 9 de julio el convenio que ponía fin a la huelga, por parte de los delegados del Comité Central de Huelga, de la Tela Railroad Co. y de la Comisión mediadora gubernamental, los porcentajes de incremento salarial inicialmente solicitados por los trabajadores, en el orden del 50%, se habían reducido a un rango entre el 10 al 15%.

En opinión de Mario Posas, en términos generales la mayor parte de las demandas presentadas por los huelguistas fueron resueltas satisfactoriamente, excepción hecha de la demanda fundamental de aumentos salariales...

---

[18] Aspectos Fundamentales de la mediación en el conflicto obrera patronal entre la Tela Railroad Co, y los trabajadores de la empresa. Tegucigalpa, 1954 (mimeo), paginación irregula).

Dos puntos del Convenio requieren especial atención por las implicaciones que traerán consigo: el punto segundo del convenio firmado destaca que "la Empresa a su discresión dará sus trabajos por hora, pieza, tarea, contrato o por mes"; el párrafo segundo del punto vigésimo noveno establece que la "Empresa continuará con la plena administración de sus operaciones y con el derecho de hacer los traslados y reducción de personal por terminación de obra y actividades, así como por motivos de orden económico en general, previa comprobación y por fuerza mayor y caso fortuito".

Las consecuencias de estos dos puntos del convenio se expresan en un masivo proceso de expulsión de fuerza de trabajo... Finalmente, mediante este convenio, la Compañía bananera obtiene control sobre el recurso de la huelga mediante una cierta institucionalización de las mismas.

Se establece que durante la vigencia del convenio, estimada en un año, siempre y cuando la legislación laboral virtualmente prometida por el Estado, no sea emitida antes de ese plazo "los trabajadores se comprometen a no recurrir a la huelga ni la Empresa al paro antes de haber agotado todos los medios conciliatorios".

Se han externado diversas opiniones respecto a la actitud asumida por el titular del Poder Ejecutivo respecto a la forma en que encaró el desarrollo de los movimientos huelguísticos.

En opinión del editorialista Alejandro Valladares, "Juan Manuel Gálvez supo respetar, como hombre y como Presidente, el justo movimiento huelguístico de sus compatriotas del Norte. Y esto no lo olvidará la Historia, ni los hombres decentes" (El Cronista, 13 de julio de 1954, p.3).

De acuerdo a Medardo Mejía en Juan Manuel Gálvez, Extra, año VII, número 86, septiembre de 1972), cuando la huelga alcanzó a su mayor desarrollo, los gerentes de las empresas bananeras llegaron a la capital hondureña a pedirle a Gálvez que reprimiera por la fuerza bruta ese movimiento.

Sus palabras textuales fueron éstas:

"Usted sabe, señor Presidente, que no hay ley que autorice esa huelga".

Entonces saltó el abogado que había en Juan Manuel con esta respuesta:

"Pero tampoco hay ley que la prohíba".

Citando siempre a Mejía, éste nos advierte: "No nos llamemos a engaño. El Gobierno de Honduras, manejado por Juan Manuel Gálvez, parecía que en la huelga de la Costa Norte había adoptado la táctica de ´dejar hacer y dejar pasar´, porque el imperialismo tenía una urgencia mayor en Centro América: derribar el Gobierno de Guatemala, presidido por el agrarista Jacobo Árbenz Guzmán... Ni hubo quien dijera que aquella expedición sobre Guatemala era la verdadera contra-ofensiva del imperialismo, las Compañías y el Gobierno hondureño sobre la huelga general de la Costa Norte".

El sistema político hondureño fue suficientemente flexible como para acomodar los reclamos de los sectores emergentes organizados que, en el caso obrero, era y continúa siendo un sector minoritario del total de la fuerza laboral. Este reformismo gradual, iniciado con Gálvez fue continuado y ampliado por el gobierno de Villeda, siendo interrumpido por el golpe de estado de 1963. Empero, el sindicalismo fue quedando supeditado al paternalismo estatal, que, de esta manera, neutralizó parte de la dinámica e iniciativa proletaria.

CAPÍTULO VIII: EL PARTIDO DEMOCRÁTICO REVOLUCIONARIO HONDUREÑO

Fue fundado en 1946 en Tegucigalpa. Su primer Secretario General fue el Abogado José Pineda Gómez. Carecemos de los nombres de los otros integrantes de su directiva inicial. Su nombre original fue el de Partido Democrático Hondureño. Contó con militantes y simpatizantes no sólo en Honduras sino en los países vecinos al nuestro y en México.

En carta dirigida desde esta nación por Alfonso Guillén Zelaya, quien residía desde hacía varios años en esa república ejerciendo labores periodísticas, dirigida a Ramón Rosa Figueroa y Antonio Madrid h. afirmaba: "Nada piden los principios del Partido Democrático Hondureño que no sea derecho legislado y actuante en todas las naciones democráticas. En nada se excede el ideario de ustedes. Cuanto en él se demanda me parece adaptable a las condiciones especiales de Honduras... Es claro que Honduras no podrá aspirar a una evolución que no responda a las posibilidades de su desarrollo incipiente... Nuestra Revolución tendrá que ser esencialmente democrática" (Vanguardia, Número 28, enero 4, 1947, pp. 1-2).

En la declaración de principios y objetivos se afirmaba:

"Su primera y fundamental aspiración es la conciliación efectiva de todos los hondureños... Lucha por la realización de un programa concreto de Gobierno que beneficiará al pueblo hondureño y no sólo a un grupo político o a un caudillo".

El nuevo partido no se identificaba como un partido clasista y claramente lo enunciaba:

"El Partido Democrático Revolucionario Hondureño no es, realmente, un partido de una clase social en particular. No podría serlo. Sería absurdo y contrarrevolucionario": Dionisio Ramos Bejarano.

Uno de sus militantes, radicado en Guatemala, justificaba así su decisión de afiliarse a la nueva institución política: "Por ser el Partido de más grandes proyecciones en el futuro histórico de nuestro país y por tener el Programa más avanzado y más en consonancia con las necesidades de los sectores laborantes y de las instituciones del Estado" (Vanguardia Revolucionaria, Número 265, 27 mayo 1950, p.1).

Al cambiar su nombre a Partido Democrático Revolucionario Hondureño (P.D.R.H.), se elaboraron y aprobaron los nuevos estatutos en la Primera Conferencia, celebrada en San Pedro Sula entre el 27 de junio y el 2 de julio de 1949. En ellos se establecía que su objetivo esencial era cimentar, implantar, ampliar, consolidar y defender la democracia revolucionaria en Honduras, para beneficio material, intelectual y moral de todos los sectores progresistas, que suman las 4/5 partes de la población del país, y para beneficio de la Nación como persona internacional (Artículo 1).

Entre las labores a realizar, se determinaba el estructurar el Estado que sirva a los intereses del pueblo, que sustituya el Estado de los señores feudales y entreguistas, proteger la organización de los distintos sectores del pueblo para que hagan efectivos sus derechos e incrementar el capitalismo progresista hondureño que se enfrenten con ventaja al capitalismo extranjero y nacional reaccionario (Artículo 3).

La sede se fijaba en San Pedro Sula en razón de résidir allí su Comité Central Ejecutivo y su órgano de propaganda, Vanguardia Revolucionaria. Previa a la publicación de este periódico, había aparecido Vanguardia, dirigido por el Licenciado Antonio Madrid h, Jefe de Redacción, Dr. José Antonio Bobadilla, Administrador. Br. Héctor Enríquez y redactores Doctores Mario Catarino Rivas, Rodolfo Pastor Zelaya, e Ingeniero Antonio Bográn h.

Su primer número apareció el 8 de junio de 1946, lo que revelaba que el férreo control de la prensa, ejercido hasta entonces por la Administración Carías, a partir de 1933, se había aflojado, de manera gradual, a partir de los acontecimientos que sacudieron a Centro América, a partir de 1944 y que había desembocado en el derrocamiento de los regímenes de Ubico y Hernández Martínez, en Guatemala y El Salvador, respectivamente.

Su Comité Central Ejecutivo quedó Integrado por Antonio Madrid h., Ramón Rosa Figuerca, José Pineda Gómez, Salvador López Arias, Antonio Panting López, Marco A. Coto, Luis A Escoto. Puede observarse que tanto la directiva del partido como de su órgano de públicidad estaba constituida por representantes de los eficientes sectores medios, con planteamientos de carácter social y político. En procura de los mismos buscaron alianzas con la clase obrera y campesina.

Años más tarde, Ramón Amaya Amador, un ex militante, afirmaba que el PDRH resultaba un partido socialdemócrata, lo cual en él ambiente saturado de liberalismo y nacionalismo era algo novísimo.

La nueva organización política rechazaba lás acusaciones de ser un partido comunista ya que:

"Sus principios y su programa no van contra la propiedad privada, antes bien, su programa político establece como principio el respeto a la propiedad privada y el fomento de la industria, agricultura, banca y comercio nacionales, es decir la creación del CAPITALISMO HONDUREÑO. 2° Porque lucha por la unión de capitalistas y trabajadores hondureños mediante relaciones justas y por la unión de todas las clases y sectoren sociales progresistas hondureñas. 3° Porque lucha por la reconquista de nuestra soberanía nacional, hoy arrebatada al pueblo hondureño por los monopolios extranjeros, es decir, pugna por el principio de un verdadero y auténtico nacionalismo. 4°. Porque nuestro movimiento es genuinamente hondureño y no tiene nexos con ningún partido, gobierno, empresa económica extranjeros ni Internacional, pero sí como democrático-hondureñistas queremos y luchamos porque se respeten al pueblo sus derechos de libertad de asociación, de sufragio, de emisión de pensamiento y de organización y actividades políticas dentro del cuadro democrático. Queremos y luchamos porque los derechos de los trabajadores sean respetados, PORQUE PUEDAN SINDICALIZARSE para defender sus intereses económicos y morales, porque su nivel de vida material, moral y espiritual sea elevado. Porque los campesinos tengan facilidades para comprar tierras y para cultivarlas... Nuestra campaña es también hondureñista porque queremos y luchamos porque el hondureño ocupe el primer puesto en su patria; que los monopolios extranjeros respeten nuestra soberanía política, no se inmiscuyan en nuestros asuntos políticos internos y que no exploten únicamente a la Nación Hondureña... porque queremos y luchamos porque Honduras termine con su atraso económico y social y dependencia del extranjero[19].

De esta larga cita se puede apreciar claramente que se estaba en presencia de un partido reformista, portavoz de los intereses y anhelos

---

[19] Falsas imputaciones del Oficialismo contra el PDRH. Vanguardia Revolucionaria, N 140, 14 mayo 1949.

de los cada vez más articulados sectores medios. El nacionalismo, la promoción de una burguesía hondureña, las preocupaciones obreras y campesinas, la regulación de la inversión extranjera, son algunos de los temas aquí enfatizados por el articulista. Estas aspiraciones y expectativas, en mayor o menor grado, bajo diversas expresiones e intensidades, se daban en toda la América Latina de postguerra. De manera literaria, un intelectual hondureño recogía en brillante conferencia pronunciada en la inauguración de la Facultad de Humanidades, en Guatemala, esos anhelos:

"Con todo nuestro progreso y nuestra sabiduría, no hemos conquistado el pan; no hemos conquistado nuestra liberación económica y política, no hemos conquistado el amparo de un techo; no hemos conquistado la salud; no hemos liquidado el analfabetismo. Más de la mitad de la raza humana padece hambre, vive en covachas o en la intemperie, peor vestida, semidesnuda, enferma, ignorante, esclavizada por tiranías de toda índole, acobardada, embrutecida por todos los temores y por todos los dolores. Este es el panorama que se extiende ante nuestra mirada, a lo largo del espacio y del tiempo. El bienestar del hombre es todavía una esperanza. Pero estamos dentro de una revolución mundial. Ha sido creada por nuestro progreso, nuestra angustia y nuestra batalla. No podemos eludirla ni ignorarla. Y de esa revolución no están excluidos los pueblos centroamericanos. Oprimidos y pobres, atrasados y débiles, jamás han capitulado. No somos ajenos a la inquietud del mundo. Nos han sacudido su dinámica y su sed de redención, con todo su heroísmo y con toda su tragedia..." (Alfonso Guillén Zelaya. La inconformidad del hombre).

Una de las constantes del PDRH lo era la necesidad de sindicalización obrera. De hecho, esto se convirtió en un leit motiv de su vocero:

"Los trabajadores desde ahora, deben buscar los medios de organizarse en sindicatos los obreros; en ligas campesinas, los campesinos. En organizaciones populares autónomas o con iniciativa propia. Sólo cuando la inminencia de su organización sea ya incontenible, entonces los gobiernos reaccionarios de Honduras se verán en el caso forzoso de legislar para suol no ni creación legal definitiva. Por eso, los trabajadores hondureños deben empezar a organizarse hoy mismo...".

El columnista pasaba a dar ejemplos de intentos organizativos obreros que fueron reprimidos. En La Ceiba, los trabajadores intentaron reactivar una Sociedad de Obreros y Artesanos, la cual había sido suprimida. Uno de sus reorganizadores, Arnaldo Gutiérrez, fue amenazado con ser encarcelado durante diez días si insistía en los planes reorganizativos.

Los obreros y artesanos de San Pedro Sula trataron de revivir la Sociedad La Fraternidad.

En mayo de 1949 estalló una huelga en El Mochito que duró del tres al seis de ese mes. Se encarceló a cuatro mineros y el Ejército envió tropas a la mina.

El día sábado 28 de mayo de 1949, los trabajadores del muelle de Tela protestaron, rehusando trabajar pasadas las doce de la noche ya que a partir de esa hora empezaba el día domingo; exigieron pago doble por ser el domingo consagrado al descanso. La Tela Railroad rehusó el pago doble. Entre las resoluciones de la Primera Conferencia reproducimos estas: Luchar por el implantamiento en Honduras del Código de Trabajo y por la organización del Seguro Social recomendar al Comité Seccional de México la elaboración de un proyecto de Código de Trabajo y de un proyecto de Seguridad Social.

En la Conferencia celebrada a principios de julio de 1949, en San Pedro Sula, se llevó a cabo la organización definitiva del Partido, habiéndose aprobado los Estatutos. Como delegado de los Comités del exterior venía, procedente de Guatemala, Juan Angel Núñez Aguilar, no pudiendo ingresar al país al habérsele negado la visa de entrada por parte del gobierno hondureño.

Desde México, el intelectual hondureño Oscar Castañeda Batres comentaba "que la importancia de la Primera Conferencia del PDRH consistió en que por primera vez los sectores revolucionarios del país, con una conformación política progresista, empiezan a unificarse, compactados en un organismo democrático y que, por primera vez en la historia nacional un grupo político se presenta y actúa como una verdadera organización democrática".

Ya en 1949 uno de los más destacados dirigentes del PDRH criticaba a quienes deseaban adoptar posiciones más radicalizadas. "Elementos progresistas de Honduras no han querido comprender que el nuevo partido encierra las aspiraciones más democráticas y revolucionarias, rumiando ideales de imposible realización en un aislamiento digno de mejor causa" (Vanguardia Revolucionaria, 6 de agosto de 1950).

En 1950 Dionisio Bejarano advertía que la Tela Railroad había exigido al Gobierno hondureño que cerrara Vanguardia Revolucionaria.

Las tensiones que se dieron al interior del PDRH y que, eventualmente, condujeron a una crisis interna de la que no pudo recuperarse, se dieron entre una facción marxista-leninista y otra de centro.

Un escritor-obrero advertía que el partido "debía ser multiclasista y con una amplia base:

"El PDRH no es un partido de clase... Nuestro Partido es de Unidad Nacional, y en él hay lugar igual para burgueses, pequeñoburgueses, proletarios, campesinos y artesanos" (Ramón Amaya Amador. Hacia la construcción de un gran partido. Vanguardia Revolucionaria, 2ª época, número 5. 5 de septiembre de 1952).

Un periodista nacional, estrechamente identificado con los intereses de las empresas bananeras, frecuentemente minimizaba la membresía del PDRH y lo identificaba con el extremismo de izquierda.

"El PDRH fue iniciado sustentando ideales de renovación política y social, como una reacción contra los partidos históricos que han venido sucediéndose en el Gobierno de Honduras. Parece que los principales promotores de la organización fueron algunos hondureños residentes en Guatemala, donde figuraban como revolucionarios varios de ellos afiliados al comunismo. En Honduras la organización tenía afiliados de reconocida militancia comunista. Así se desnaturalizó la idea de constituir un partido independiente, fuera de los partidos históricos y al margen de toda influencia ideológica extranjera... Algunas de las personas importantes que figuraban en la organización se retiraron de ella poco a poco. En un informe, cuya copia poseemos, el Profesor Octasiano Valerio, en 1952, hizo importantes observaciones sobre las causas que habían ocasionado el relajamiento en las filas del partido, entre otras, el haberse infiltrado en éste elementos de tendencias comunistas que pretendían ejercer una influencia dominante... Nuestro Partido Democrático Revolucionario Hondureño es, además de un organismo nacional hondureño, un adminículo, un agente en Honduras de la política internacional que ha encontrado en Guatemala un ambiente propicios".

La primera Asamblea Nacional tuvo lugar en Tegucigalpa, del 15 al 17 de abril de 1954. Se organizó el Comité Ejecutivo Nacional, integrado así: Secretario General: José Pineda Gómez (Abogado), Secretario de Organización: Alberto García Bulnes (maestro y estudiante de Derecho), Secretario de Prensa y Propaganda: Doctor Rodolfo Dubón, Secretario de Cultura: Octasiano Valerio, Secretaria de Acción Femenina: Antonia Suazo B., Secretario de Asuntos Juveniles: Rafael Cáceres Rojas: Secretario de Acción Obrera: Guadalupe Reyes, Secretario de Acción Campesina: Andrés Bú Castellón, Secretario de Relaciones y Actas: Gustavo Adolfo Del Cid; Secretario de Finanzas: Alfonso Lacayo. El Comité Ejecutivo quedaba facultado para solicitar la personería jurídica, participar en las elecciones presidenciales y formar el Frente Patriótico de Unidad Nacional.

Una de sus resoluciones fue la emisión de una declaración de que el PDRH no era comunista ni estaba en relación con actividades comunistas; eligió candidatos a diputados por Cortés, Atlántida, Yoro, Intibucá y Francisco Morazán.

Con respecto a su membresía, el Vicecónsul norteamericano en San Pedro Sula, John Morrison, calculaba su número en veinte en esa ciudad, los cuales escribían en Vanguardia Revolucionaria y doscientos trabajadores afiliados en el área de San Pedro Sula y entre los ferrocarrileros y algunos en el Departamento de Construcción de la Tela Railroad. Él creía que recibían fondos desde México, a través de Guatemala.

Entre los colaboradores de Vanguardia Revolucionaria identificaba a Dionisio Ramos Bejarano, a quien se consideraba el brazo derecho de Antonio Madrid h., Ventura Ramos (usaba el seudónimo de Carlos Enrique Ramírez), Nicolás Urbina, Óscar Castañeda Batres, Zoroastro Montes de Oca, Graciela Bográn.

El informe consideraba que para febrero de 1949 el periódico se había desviado hacia la izquierda (Bursley al Departamento de Estado, 1 de agosto de 1950).

Ya concluida la huelga, la Embajada norteamericana recibía un informe con datos enviados por el Consejo Local Liberal de Tela, que, por su importancia lo reproducimos íntegro:

"El Partido Democrático Revolucionario Hondureño tiene influencia en determinados departamentos de la frutera, en dos de manera bastante ostensible: Mecánica y Materiales y Suministros. En

117

los demás departamentos es casi nula, por lo que se puede calcular que tienen más o menos de 700 a 900 seguidores decididos en este sector. Como fueron ellos los que sostuvieron la huelga en toda su extensión, la masa trabajadora tiene fe y confianza en ellos".

Proseguía el documento señalando que a principios de 1954 el PDRH pretendía formar una alianza con el Partido Liberal pero "al estallar la huelga ya no hablaron de ello ni de lanzar diputados en alianza, porque ellos esperaban que la huelga les daría un gobierno surgido del proletariado.

Al Partido Liberal siempre lo han visto como un instituto anacrónico, y fue por esa razón que en años anteriores los ataques del Vanguardismo contra nuestro partido fueron fuertes: no creen en la sinceridad y buena fe de nuestros dirigentes, pues según su pensamiento, solamente el PDRH podría hacer un gobierno para el pueblo. En fin, son nuestros adversarios pero haciendo el esfuerzo de introducir quintas columnas dentro de nuestras filas. Por conveniencia de nuestro Partido, creemos que es necesario atacar al comunismo fuertemente, no sólo decir "No somos comunistas", sino que demostrando plenamente nuestra posición anticomunista, pues no conviene darles alas al PDRII, alentándolo para en lo futuro, sino que hay que irse a fondo para extirpar esa mala hierba. La posición del PDRH dentro de las organizaciones obreras en Tela es preponderante, el dominio actual lo tienen ellos, por haber elementos más capaces, más audaces y también de mayor conocimiento en asuntos laborales.

Debido a las instrucciones emanadas de Tegucigalpa y también de las emanadas de este Consejo Local, nuestros principales dirigentes no tomaron participación activa en el movimiento huelguístico, a excepción de Carlos F. Somoza, quien también se vio obligado a retirarse, quedando únicamente el Profesor Raúl Edgardo Estrada, Secretario del Frente de Juventud Liberal al frente de la huelga. Si el Partido Liberal se propone tomar la dirección del movimiento obrero lo puede hacer perfectamente, puesto que la masa en su mayoría es liberal, pero haciendo una campaña inteligente y cautelosa para poder aplastar al PDRIH, porque muchos de los obreros no ven a los PDRH como tales, sino como líderes de la huelga, como los verdaderos defensores de sus intereses.

Podríamos conseguir el dominio dentro de esa misma masa, haciendo verdadera conciencia de clase, pero con elementos netamente liberales... La campaña anticomunista debe de empezar lo más pronto posible, no hay que dormirse en ese aspecto; el PDRH tiene elementos tenaces y de gran capacidad combativa, debemos destruirlos. Carlos F. Somoza, habiendo sido electo para representar a Tela en Progreso a fin de formar el Comité Central de Huelga, pudo ver (no fue presentado a ellos) a los individuos Ventura Ramos, Edelberto Torres y a otro cuyo nombre no recuerda), personas estas reconocidas como verdaderos Comunistas y que vinieron exprofesamente de Guatemala".

Esta larga cita es indicativa de la hostilidad manifestada por el Liberalismo hacia el PDRH, la rivalidad por captar el apoyo y la lealtad de los trabajadores costeños, el reconocimiento de la militancia y tenacidad manifestada por los activistas del novel partido así como el papel que habían jugado durante el desarrollo del movimiento huelguístico.

Contamos con otro reporte, elaborado por el Sub-Consejo del Partido Liberal en La Lima, el cual indicaba que el PDRH se había desarrollado durante los últimos años de la dictadura; sus adherentes habían sido trabajadores ferroviarios "y es entre ellos que cuenta con varios seguidores, no entre los campesinos", siendo su principal dirigente en esa zona César Augusto Coto.

"Es dentro del movimiento laboral sindical, ahora esbozándose en esta zona, que el Partido Liberal debe proceder firmemente para poner en alto a la infiltración izquierdista y así guiar a estas masas por el camino correcto, ya que todo lo que piden es justicia social que debe dárseles a la luz de una auténtica democracia. Evaluando al último Comité de Huelga, el mismo documento indicaba que la gente desconfiaba del mismo porque está compuesto de los mismos individuos que actuaron y firmaron el acuerdo de huelga que, en términos generales, empeoró la situación de los trabajadores".

De nuevo, se puede notar la preocupación liberal por la posibilidad de que las clases trabajadoras pudieran ser ganadas a favor del PDRH. Recuérdese que las elecciones presidenciales se iban a realizar en octubre de ese año y el Liberalismo, tras veintiún años fuera del poder, deseaba recuperarlo, esta vez bajo un liderazgo renovado. Para 1954, el PDRH original se encontraba ya en fase de extinción al haberse separado de su filas los sectores comunistas, por decisión propia. Con el paso del tiempo, éstos se percataron de haber cometido un grave error. Uno de sus principales ideólogos, antiguo militante del PDRH, lo recordaba así:

"Un nuevo partido que salió al terreno político elevando una bandera patriótica, de unidad nacional y claro antiimperialismo. Don Julián López Pineda, teórico del anticomunismo y vocero de los monopolios, en principio se había burlado del partido, bautizándolo con el apodo despectivo de Los Veinte". Más tarde, cuando el PDRH fue apoyado por sectores avanzados de la clase obrera y tuvo una destacada militancia de esclarecimiento político a las masas, resultó un serio dolor de cabeza para el régimen y ya entonces don Julián tuvo que lanzar a fondo su deslucida arma anticomunista contra el PDRH y el gobierno emplear los métodos de represión violenta...".
(Ramón Amaya Amador. El camino de mayo es la victoria).

Haciendo una autocrítica colectiva respecto a la decisión de crear nuevamente un partido comunista, escindiéndose del PDRH, acotó: "El ala izquierda del PDRH con los marxistas en cabeza, olvidando la estructura multiclasista de la organización y su programa de unidad nacional, se esforzó por imprimirle claramente fundamentos teóricos propios del partido de clase del proletariado. A su vez el ala derecha peleaba por que el partido no fuese tan allá pretendiendo ajustarlo a sus intereses de clase y ocupar ella el papel dirigente por cuanto se trataba de una revolución democrático-burguesa. Esta discusión abarcó a todo el partido y triunfaron las tesis de los obreros revolucionarios cometiendo así un error de sectarismo ya que pretendían dar una ideología marxista a una organización que no pasaba de la socialdemocracia, de ser progresista y de unidad nacional... Es una verdad indubitable que el PDRH con todas sus deficiencias y dificultades desempeñó un importante papel en el desarrollo de las luchas de liberación nacional en esa determinada etapa y que, de haber podido subsistir y acrecentarse, su papel hubiera adquirido mayor relieve en los tiempos ulteriores cuando ya funciona el partido marxista-leninista. Precisamente la inexistencia entonces del Partido Comunista contribuyó en no poca medida para que los marxistas militantes del PDRH actuaran de manera sectaria y no supieran ubicarlo en su justa posición de partido multiclasista de unidad nacional".

(Ramón Amaya Amador: Los partidos políticos de Honduras y la huelga del 54 en Memorias y enseñanzas del alzamiento popular de 1954).

El PDRH no logró romper el bipartidismo tradicional hondureño, tampoco llegó a constituirse en un partido de masas. Pese a recoger aspiraciones de los sectores medios y populares, tanto éstos como aquellos volcaron sus preferencias sobre todo hacia el Partido Liberal, cuya dirigencia, renovada bajo el liderazgo de Ramón Villeda Morales, hizo suyos los planteamientos y propuestas del tercer partido. Empero, quedó en la historia política nacional como un antecedente para intentos futuros, que eventualmente cristalizaron y permitieron una mayor presencia tanto en el número como en la calidad de propuestas presentadas al electorado.

CAPÍTULO IX: EL PARTIDO COMUNISTA DE HONDURAS Y SU PAPEL EN EL MOVIMIENTO HUELGUÍSTICO

La historia del Partido Comunista de Honduras debe dividirse al menos en dos grandes etapas: la fundación inicial, que data de la década de los años veinte, concretamente el primero de mayo de 1922 como la sección hondureña del Partido Comunista Centro Americano, para en 1927 constituirse en partidos comunistas nacionales[20].

De acuerdo a un distinguido periodista hondureño, alguna vez simpatizante de las ideas marxistas, en 1928 existía una organización en Tegucigalpa y con ramificaciones en la Costa Norte, que llegó a celebrar el Primer Congreso Obrero Regional de Honduras, el cual adoptó resoluciones para la organización de los trabajadores en sindicatos, bajo una Central Única, adscrita a la entonces llamada Federación Sindical Latinoamericana, con sede en Montevideo, Uruguay. Aquella organización comunista no encontró eco en las masas de trabajadores, pues sus adherentes sólo llegan a cubrir los puestos directivos. No obstante mantenían en constante agitación a los trabajadores agrícolas y ferrocarrileros de la Costa Norte, promoviendo huelgas y desórdenes (El Día, 4 de mayo de 1954).

Este primer partido estuvo activo hasta la llegada de Tiburcio Carías a la Presidencia en 1933. Su dirigencia fue ejecutada. Juan Pablo Wainwright fue fusilado en Gautemala por órdenes del dictador Jorge Ubicco y Manuel Cálix Herrera murió de tuberculosis contraída en la cárcel).

Contamos con el valioso testimonio del directamente responsable de su segunda fundación maestro y periodista Dionisio Ramos Bejarano, nacido en Copen en 1925. Veinte años después de esta fecha se trasladó, por propia iniciativa, desde la Costa Norte hasta la ciudad de México, donde residía una parte de la emigración hondureña opositora al Cariato, entre quienes se contaban los intelectuales Alfonso Guillén Zelaya, Oscar Castañeda Batres y Jacobo Cárcamo.

En esa urbe permaneció ocho meses durante los cuales se familiarizó con alguna literatura marxista-leninista. Previo a su viaje a México, había conocido en Tegucigalpa a Ventura Ramos, con quien

---

[20] Paz Aguilar, Ernesto. Les partis politiques au Honduras. Toulouse, Université des Sciences Sociales, 1980, p. 449. 4

volvió a encontrarse en el puerto de Tela. De regreso a Honduras, Ramos Bejarano continuó la lectura de obras marxistas junto con el químico Miguel Fuentes, empleado de la Tela Railroad Co. Para finales de 1946 había formado las primeras células de simpatizantes en San Pedro Sula y centros urbanos aledaños (El Progreso, Puerto Cortés, Tela). Estos primeros militantes tenían, de acuerdo al entrevistado, ideas vagas sobre la primera fase del Partido Comunista y de su dirigencia. Algunos habían conocido y tratado a Calix Herrera y Wainwright.

Los integrantes de las primeras células no fueron obreros agrícolas del enclave bananero, sino artesanos, maestros y ferroviarios. En Tela el encargado de organizar las primeras células fue Pablo Alemán, residente actualmente en Venezuela. Los primeros años fueron lentos y difíciles en la existencia del Partido Comunista. La membresía era muy reducida y, de hecho, eran militantes del Partido Democrático Revolucionario Hondureño y, crecientemente, llegaron a adquirir mayor importancia al interior de este experimento partidista que aspiraba a romper el tradicional sistema político bipartidista hondureño. Los comunistas hondureños no habían establecido relaciones con partidos afines de otros países. Este significó que no se contaba con ayuda económica ni con asesoría en la organización partidista por parte de instituciones afines latinoamericanos y europeas.

De acuerdo a un estudioso, con el fin de la Segunda Guerra Mundial y el inicio de la Guerra Fría, las circunstancias internacionales alteraron e influyeron la situación y la política de los partidos comunistas latinoamericanos, los que rechazaron la "desviación de Browder" y enfocaron su propaganda en contra del imperialismo estadounidense y en favor de la paz internacional y la neutralización de América Latina...

Esta posición, sin embargo, no implicó un regreso al radicalismo de línea dura. La influencia ideológica rusa, ejercida a través de las deliberaciones de los congresos del Partido Comunista de la Unión Soviética (el Comintern había sido disuelto en 1943), proporcionaron otra orientación. De estos congresos, el más sobresaliente fue el Vigésimo celebrado en Moscú en 1956. La posibilidad de una victoria pacífica del sistema socialista, la no existencia de una fórmula única que pudiera ser aplicada sin diferenciación en todos los países y los ataques al "culto de la personalidad", los temas más importantes de este Congreso, fueron inmediatamente incorporados en las discusiones y programas de los partidos comunistas latinoamericanos.

El hecho que el Partido Comunista de Honduras, durante su segunda etapa, hasta 1954, no contará con asistencia material procedente del exterior, significó que se constituyera, en los años formativos de esta segunda etapa, sin tener compromisos ni ataduras con partidos homólogos de otros países.

Es hasta 1954 que empezó a recibirse ayuda, en cantidades modestas, por parte de la Federación Sindical Mundial, lo que hizo posible que Rigoberto Padilla Rush, quien había laborado en la sección de comunicaciones de la Tela Railroad, fuera enviado a la Unión Soviética a recibir entrenamiento en organización sindical, materia en la cual la dirigencia nacional carecía en absoluto de experiencia. Al estallar la huelga se encontraba ya de regreso en Honduras.

Los intelectuales orgánicos del Partido Comunista de Honduras, en sus años formativos, eran Dionisio Ramos Bejarano, Ventura Ramos y Ramón Amaya Amador, estos dos últimos residiendo en Guatemala al momento de iniciarse el movimiento huelguístico de 1954. Los primeros contactos personales entre el primero y el segundo databan de 1945, en tanto que entre el primero y el tercero se remontaban a 1940, fecha en que iniciaron amistad en la población de Potrerillos. Debe hacerse mención también de Ocaso Rodríguez, de padres españoles, quien escribió un folleto sobre la realidad nacional y de Medardo Mejía, residente en Guatemala donde colaboró, mediante el ejercicio periodístico, con los gobiernos de Juan José Arévalo y Jacobo Arbenz. Igualmente incluimos a Nicolás Urbina.

El primer Congreso del Partido Comunista de Honduras se llevó a cabo, en San Pedro Sula, en abril de 1954. Su segunda fundación se había realizado el 10 de ese mes en el Barrio Medina, al tomar la decisión de separarse del PDRH y organizar un partido clasista. La idea de su fundación había surgido siete años antes, durante los últimos años del Cariato. Hasta ahora se discute si fue correcto o no esta actitud de los comunistas, sino era preferible seguir en el PDRH o crear un Partido Democrático y no uno revolucionario y marxista.

Varios miembros comunistas se percataron que probablemente se estaba cometiendo un error ya que ellos, al interior del PDRH, le daban dinamismo a este partido de carácter policlasista y ya conocido en el país, pese a no haber obtenido el reconocimiento legal como tal por parte del Estado. Ya para enero de 1954 era manifiesta la agitación entre las masas trabajadoras.

El Partido Comunista decide imprimir una hoja suelta conmemorando el Primero de Mayo y demandando la supresión de varios decretos represivos emitidos durante el Cariato, lo que no se incluyó a petición del dueño de la imprenta. Dicha volante fue distribuido en los campos bananeros, tres días antes de la festividad, excitando a los campeños a celebrar el Día Internacional del Trabajo, pero sin hacer referencias a la posibilidad de ir a un paro de labores. De allí que cuando miles de trabajadores se congregaron en El Progreso el Primero de Mayo de 1954 y se decidió ir a la huelga; éste fue un acto espontáneo de los participantes en esa festividad.

Al saberse de tal decisión, los obreros congregados en La Lima decidieron acuerpar tal acción. Aquí fue donde inició su breve carrera como dirigente el maestro Manuel de Jesús Valencia, quien pronunció un discurso de carácter agitador, con referencias al Justicialismo peronista, excitando a los "descamisados" a irse al paro laboral.

Debe advertirse que con anterioridad a 1954 se había celebrado el Primero de Mayo, en 1952 y 1953, en San Pedro Sula, de manera pública y con la tolerancia de las autoridades. Los discursos se referían a los mártires de Chicago pero no a planteamientos y análisis de la realidad nacional, lo que revelaba los límites en cuanto a un pensamiento más original por parte de los organizadores.

De acuerdo a Medardo Mejía (Historia de Honduras, Editorial Universitaria, 1990), la huelga general de mayo de 1954 tuvo su germen en el largo, paciente y peligroso movimiento obrero clandestino de los años de la dictadura cariísta... ¿Dónde estaba la dirección del movimiento clandestino revolucionario? Es algo que no se ha podido averiguar... Existe la sospecha, que la dirección clandestina operaba desde Tela en dirección de toda la Costa Norte.

El Progreso se constituyó en el centro neuralgico del movimiento huelguístico. Allí, se reunían en la casa del Prof. Julio Rivera para planear la estrategia a seguir, éste también solicitaba ayudas entre los comerciantes y ganaderos, a fin de contar con abastecimientos alimenticios que permitieran mantener la huelga. Se escribían manifiestos a fin de contraatacar las hojas sueltas de la Tela Railroad en que instaba a los parados a suspender la huelga y reintegrarse a sus labores, ofreciendo pequeñas sumas en calidad de soborno. También se empezó á redactar el documento contentivo de las demandas obreras.

El Partido Comunista había tenido que ponerse al frente de los acontecimientos, los cuales habían sido precipitados por la decisión de las masas. La dirigencia comprendía que si bien se daban las condiciones objetivas: bajos salarios, tratamiento inhumano, negativa al derecho de organización, no había condiciones subjetivas y de partido lo suficientemente maduras como para hacer frente a una protesta social de aquella magnitud.

El hecho era que el PCH no tenía ni el número suficiente de cuadros, ni la madurez política, ni la experiencia organizativa y sindical necesaria; apenas Rigoberto Padilla había recibido entrenamiento en esta última actividad, durante su viaje a Europa. Por otra parte, por razones de seguridad, éste fue trasladado a La Ceiba pidiéndole que no realizara consultas con sus compañeros en El Progreso; a pesar de ello, fue hecho prisionero por la policía, la que pronto lo liberó por no ser aún conocido públicamente por las autoridades represivas.

Por las mismas razones de protección, se trasladó a Francisco Ríos a Tela. Durante las primeras semanas de huelga se trabajó, igualmente, en las etapas iniciales conducente a la formación de una organización sindical, con antelación a la labor que posteriormente realizaría la ORIT.

En La Lima, Valencia maniobraba para ser declarado líder máximo de la totalidad del movimiento huelguístico. A fin de contrarrestar la evidente influencia que ejercía sobre los trabajadores de ese distrito, el PCH logró que integrara el Comité Local de Huelga, César Augusto Coto. Se envió a otro miembro partidista, Francisco Cardona Cazaña, (quien laboraba como Secretario del Juzgado de Paz de San Pedro Sula), en actividades de agitación, a La Lima; aquí, cometió el error de denunciar públicamente el doble papel que estaba jugando Valencia, como dirigente de la huelga por una parte y como confidente de la Tela Railroad por otra, lo que le costó ser arrestado y entregado a las autoridades militares.

El control que ejercía el PCH así como su influencia eran limitados, dadas las debilidades y limitaciones arriba indicadas, Por otra parte, la intransigencia de la empresa frutera tenía por objeto debilitar el movimiento por hambre y por fatiga para que eventualmente fuera destruido. Igualmente, había cierto grado de dogmatismo y falta de mayor flexibilidad por parte de algunos de los miembros de la dirigencia partidista, que, en razón de da misma dispersión, adoptaban algunas decisiones unilaterales, como fue, para el caso, buscar la asesoría de Milla Bermúdez y Arellano Bonilla en la parte legal y económica, respectivamente.

Con la intención de magnificar el grado de influjo comunista sobre la huelga y demostrar que existía una vinculación concel gobierno de Árbenz en Guatemala, cierta prensa hondureña editorializaba al respecto:

"En Honduras, el comunismo no ha encontrado eco en la mayor parte del país, donde no existen las grandes industrias manufactureras y extractivas ni las grandes empresas agrícolas y ferrocarrileras. Pero, en la Costa Norte, los agentes comunistas han operado desde hace varios años, y, a pesar de las medidas de previsión que han dictado las autoridades, es indudable que en aquellos han logrado infeccionar el ambiente laboral, suscitandolan reclamos respaldados en la huelga, como está ocurriendo actualmente... Nosotros creemos que, en la actual emergencia, los partidos militantes, por intermedio de sus órganos directivos autorizados, debieran ofrecerle al Gobierno cooperación decidida en la lucha contra la infiltración comunista en nuestro País, y hacer una campaña activa entre sus respectivas agrupaciones, a fin de que contribuyan al control del comunismo, evitando que en sus filas se mezclen elementos disociadores que sean o pudieren ser agentes comunistas" (Honduras frente al comunismo. El Día. 6 de mayo de 1954).

Paradójicamente, la línea editorial del referido diario se contradecía y pocos días después de esa advertencia, opinaba en estos términos:

"La huelga se ha mantenido en un ambiente de orden, de corrección y de dignidad, sin ejecutar actos de violencia ni de sabotaje, lo cual se ha reconocido, con elogio, en las informaciones periodísticas... En el curso de la huelga ha podido constatarse que ella no tiene proyecciones revolucionarias ni conexiones con organismos extranjeros que luchan por la revolución comunista. Es un movimiento de masas que sólo se propone obtener para los trabajadores mejores condiciones vitales".

El mismo periódico proponía la necesidad de convocar a una Asamblea Constituyente a fin de reformar la Constitución e introducir en la misma legislación de carácter social. El sector cariísta del

Partido Nacional interpretaba esta pretendida reforma a la Carta Magna como un intento para, so pretexto de la huelga, prorrogar el período presidencial de Gálvez. En opinión del periodista Ramiro Carvajal, haciendo una valoración de las supuestas connotaciones ideológicas de la huelga, afirmaba:

"No ha sido bueno el intento de hacer aparecer a la huelga como un movimiento comunista. En el enjuiciamiento de estos asuntos, también se necesita patriotismo... Corresponde a todos los órganos informativos hondureños estimar las demandas de la huelga como un hecho propiamente conexo a la doctrina de los Derechos del Hombre. No hay que confundir las cosas. Es notorio que los insuficientes salarios, excesiva fatiga en el trabajo, la falta de descanso, alojamiento, higiene y buen trato, son las principales causas de la huelga ... La reclamación de mejores salarios, merece un examen. El costo de la vida es creciente...".

El New York Times, el 19 de mayo de 1954, también analizaba el grado de influencia comunista en la huelga y llegaba a esta conclusión en su editorial:

"En un país donde los obreros son relativamente atrasados, como sucede en Honduras, sin garantías legales y desorganizados, estos son obviamente vulnerables al Comunismo. ¿Cómo puede dejar de impresionarse el obrero hondureño en vista de los adelantos obtenidos por obreros que hacen trabajos similares a través de las fronteras nacionales? De manera que el Comunismo podrá entrar en el panorama, hondureño, pero la tierra ha sido preparada por décadas de explotación, connivencia y dictadura y no de manera repentina por culpa de influencias extranjeras".

El corresponsal de El Día en Tela, veía los acontecimientos desde otra óptica. Él sostenía que "La huelga es de esencia comunista, inspirada y orientada desde Guatemala. El Partido Comunista Democrático Revolucionario Hondureño es el responsable directo".

Julián López Pineda se hacía eco de esta afirmación y pese a que los dirigentes comunistas del Primer Comité Central de Huelga se encontraban detenidos o fugitivos, continuaba insistiendo en la existencia de un vínculo directo entre el PDRH y el paro laboral.

"Aunque el PDRH está constituido por una insignificante minoría, ejerce una acción muy activa sobre las masas trabajadoras. Y su participación en la huelga norteña, por intermedio de su Presidente, le está dando carácter político a un movimiento que se presentara completamente desligado de influencias políticas nacionales o extranjeras... El PDRH, desde su fundación, ha estado adherido a la política de la Revolución Guatemalteca de Octubre y ha propiciado el establecimiento en Honduras de un régimen democrático" (El Día, 25 de junio de 1954, p.3).

¿Acaso no había trascendido la segunda fundación del Partido Comunista de Honduras? Recuérdese que ya en abril había quedado, de manera formal, nuevamente constituido. Entonces, es válido preguntarse si la continuación de los ataques al PDRH obedecían a que se confundía a éste con el PCH como uno y el mismo o bien se trataba de una campaña deliberada contra aquel y contra su principal dirigente, el Abogado José Pineda Gómez, quien en honor a la verdad histórica debe recordarse que siguió generosamente apoyando, como asesor legal, al movimiento huelguístico en tanto estuvo activo el Primer Comité Central de Huelga. Él había tenido que depositar fianza ante el Juzgado de Letras Primero de lo Criminal, en donde fue acusado de tendencias comunistas.

En entrevista que el grupo de periodistas capitalinos había realizado a la Costa Norte para informar directamente sobre el lugar de los hechos, el dirigente Manuel de Jesús Valencia había negado la presencia comunista en el sector de La Lima, asegurando a los reporteros:

"Por allí andan diciendo que somos comunistas. Nosotros no somos comunistas ni queremos serlo. Pudiera ser que en nuestras masas se hayan metido algunos comunistas. No los hemos visto, no los hemos descubierto. Pero si aquí andan confundidos, o agazapados, no corremos ningún peligro porque estamos ciertos de que sus doctrinas no surtirán catequización en nuestra gente. Nuestro problema es con la Tela Railroad y nada más" (Gráfico, 3 de junio de 1954).

Empero, ordenaba la impresión de una hoja suelta en que incluía un "llamamiento patriótico", en que advertía:

"Sin menoscabo de continuar firmes hasta la victoria en nuestra lucha, estamos alerta contra la amenaza del comunismo, que al entronizarse entre nosotros nos convertirá en míseros esclavos".

De acuerdo a declaraciones brindadas desde su país por el ex-Embajador de Estados Unidos en Honduras durante largos años, incluyendo una parte del Cariato y otra de la Administración Gálvez, John Erwin: "Es probable que los comunistas escogieran el momento actual como el más apropiado para probar sus fuerzas, por ser este un año de elecciones presidenciales" (La Época, 17 de junio de 1954).

El momento en que el PCH tuvo mayor participación e influencia en el movimiento huelguístico fue durante fungió el primer Comité Central de Huelga. Una vez que éste fue descabezado y varios de sus dirigentes encarcelados, entre otros César Augusto Coto, Manuel Sierra, Modesto Rubio, Ovidio Gómez, Marcos Santos, Rubén Portillo, Francisco Cardona Cazaña, Trinidad Santos Miralda, Gustavo Andara Bulnes, perseguidos y procesados, su grado de beligerancia tendió a decrecer.

Empero, en el segundo Comité Central de Huelga, aún ejerció cierta representación por cuanto algunos de sus militantes y/o simpatizantes lo integraron, entre ellos Rafael Alberty, laborando en el Departamento de Mecánica de la Tela Railroad en Tela, así como Henry Sheran. Ya con la consolidación de la nueva dirigencia obrera, no comunista y afín a los lineamientos ideológicos de la ORIT y del Partido Liberal, entre ellos Raúl Edgardo Estrada, Céleo González, José Cubas Gross, Sabas Lilio Pineda, entre otros, el Partido Comunista vio relegado su accionar, el cual, ante la represión y delación, forzosamente obligó a su militancia a asumir un perfil más discreto.

Al respecto, en nota enviada por la Gerencia General de la Tela Railroad a la Comisión Mediadora gubernamental, comentando el numeral 27 del pliego de peticiones obreras, intitulado "Represalias", indicaba:

"Aceptamos la indicación de la Comisión Mediadora y esperamos que el Gobierno tome las medidas necesarias para controlar los elementos comunistas de acuerdo con la ley, en lo cual deben cooperar los delegados de los trabajadores y la Empresa"[21].

El enfrentamiento ideológico entre los comunistas y los oriteros se daría poco después de concluida la huelga, al organizarse el Primer

---

[21] William Taillon y K.B. Block a la Comisión Mediadora, 26 junio 1954 en: Aspectos fundamentales de la Mediación en el conflicto obrero-patronal entre la Tela Railroad Co. y los trabajadores de la empresa. San Pedro Sula, 1954, paginación irregular (mimeo). Copia consultada se encuentra en la sección de libros raros de la Colección Hondureña, Sistema Bibliotecario UNAH).

Congreso de Trabajadores de la Tela Railroad Co. así como sus estatutos.

Aquí también los comunistas ejercieron cierta participación. Empero, para entonces, las fuerzas y recursos de la empresa bananera, el Estado, la ORIT se habían coaligado en contra de un muy reducido pero activo grupo de dirigentes obreros comunistas. Algunos de ellos continuaron participando en el movimiento obrero, otros se llamaron a silencio o se marcharon al exterior. Empero, en todo caso, su papel, particularmente hasta fines de mayo de 1954, fue muy importante, si bien tampoco hay que sobredimensionarlo.

Ellos eran los primeros en admitir su inexperiencia organizativa, su falta de recursos materiales, su impreparación ideológica, su muy reducido número, rigidez y dogmatismo en algunos. A estas carencias y limitantes, incorporaban un alto grado de honradez material e intelectual, un sentido altruista de solidaridad humana, de vocación de servicio en favor de los "de abajo", además de un juvenil optimismo propio de su corta edad. (Frisaban, de promedio, en 23 años).

Quien los juzgue, a cuarenta años de aquellos históricos acontecimientos, podrá o no estar de acuerdo con sus convicciones ideológicas; en cualquier caso, nadie puso ni pone en duda las nobles motivaciones que los condujeron a la acción y a la entrega.

A ellos, que han presenciado el vertiginoso desarrollo social y político, el derrumbe espectacular de sistemas y doctrinas, el pueblo hondureño les otorgó, en el mismo 1954, el reconocimiento y respeto a que se hicieron acreedores. Forjaron actos de heroísmo cotidiano, que apenas ahora empiezan a ser conocidos, incluso por quienes han compartido su misma generación. Modestos pero espontáneos reconocimientos les han sido ofrecidos a lo largo de estos doce meses, en que han brindado sus testimonios y vivencias. Al hacerlo, han vuelto a revivir aquellos sueños, aquellos ideales, en caminos empedrados de satisfacciones más que de desengaños. Y han concluido, y nosotros con ellos: valió la pena.

CAPÍTULO X: ACTITUD DE LOS PARTIDOS POLÍTICOS TRADICIONALES ANTE LOS MOVIMIENTOS HUELGUÍSTICOS

Para poder entender el comportamiento y actitudes asumidas por los partidos políticos tradicionales: Nacional y Liberal ante las huelgas desencadenadas a mediados de 1954 , es necesario enmarcar sus tomas de posiciones dentro del contexto del proceso electoral a desarrollarse en octubre de ese año.

Sus dirigencias, o al menos los sectores más lúcidos, se percataban que la estructura social nacional se había tornado compleja y, con ello, los reclamos y aspiraciones de sus militantes y votantes potenciales. A medida que el país se iba modernizando y su economía diversificado, paralelo a un proceso migratorio del campo hacia las ciudades, las clientelas políticas iban aumentando no sólo en número, sino, igualmente, en el tono y cantidad de sus reivindicaciones. Honduras se iba transformando gradualmente y pasaba por una etapa transicional de una estructura social básicamente agraria, monoexportadora, con relativo fácil acceso a las tierras ejidales y nacionales por parte del campesinado (en razón de la baja tasa poblacional), a otra en que los asentamientos urbanos van cobrando más importancia no sólo económica, sino, además, política, con una base exportadora hasta cierto punto diversificada merced a la iniciativa estatal. Con ello, se inicia un proceso de valorización de la propiedad territorial, urbana y rural. El sector público crece y, con ello, las oportunidades de empleo para las clientelas políticas, populares y de clase media.

Dada la enorme popularidad de las huelgas obreras de 1954, ninguno de los partidos políticos podía adoptar, públicamente, actitudes que condenaran y desaprobaran esos movimientos sociales, sopena de ser castigadas sus posiciones al momento del sufragio. Ambos partidos se regian por un sistema caudillista, a nivel nacional y regional. En el Partido Nacional, a partir de 1923, Tiburcio Carías Andino, se había constituido, sin ninguna duda, en el líder indiscutido, tras la muerte de Manuel Bonilla (1913).

Empero, su prolongada permanencia en el poder desgastó hasta cierto punto su imagen; además, dado el escaso desarrollo de las comunicaciones, su autoridad, aún en la cúspide de su mandato, nunca llegó a ser totalmente efectiva en todo el país. Fue así que del propio seno de su partido surgió el desafío a su autoridad, por parte de estrechos colaboradores suyos, como Juan Manuel Gálvez, Abraham Williams Calderón y Julio Lozano Díaz, los que propiciaron la creación del Movimiento Nacional Reformista, el cual aspiró inicialmente a propiciar el continuismo galvista y, al fracasar este intento otorgó su apoyo a la postulación presidencial de Williams Calderón. Dentro de una típica conducta caudillista, Carías siempre consideró un acto de deslealtad el cometido por sus subordinados, a quienes había distinguido con favores y posiciones de privilegio. El resultado fue la división temporal del Nacionalismo en dos alas: la Cariísta, leal al Jefe Supremo, ortodoxa en su visión política; y la disidente, el MNR, con planteamientos de corte reformista.

La misma modernización impulsada por Gálvez y su grupo, debilitó al sistema político caudillista, sin destruirlo.

En el Partido Liberal se dio el mismo proceso caudillista, inicialmente con Policarpo Bonilla y, al fallecer éste en 1926, José Ángel Zúñiga Huete se convirtió en el adalid, particularmente desde que su partido lo postuló como candidato presidencial en 1932. Su carácter autoritario, pero sobre todo su inhabilidad como dirigente en el exilio, para presentar una oposición eficaz a la dictadura cariísta, fueron creando desencanto entre sus parciales.

Al igual que Carías con respecto a los innovadores Nacionalistas, también Zúñiga Huete vio en la figura emergente de Ramón Villeda Morales a un advenedizo. Este, con visión política moderna, remozó las bases ideológicas del liberalismo decimonónico, adaptándole a los anhelos y esperanzas de las masas de la segunda mitad del XX. Con el deceso de Zúñiga Huete, de regreso en México luego de haber ordenado la no participación del Liberalismo en las elecciones de 1948, Villeda Morales asumió el protagonismo caudillista al interior de su partido.

Para tener una idea de las expectativas y ansiedades generadas por las elecciones convocadas para octubre de 1954, debe enfatizarse que las últimas realizadas en un ambiente de libertad habían sido las de 1932, ganadas por el Partido Nacional.

Las realizadas en 1948 no pueden ser realmente consideradas como tales, en razón de que a las mismas únicamente compareció el partido en el poder. De allí que, tras veintidós años sin que la ciudadanía tuviera el derecho a ejercer el sufragio de manera efectiva, y tras igual período de tiempo en que el Partido Liberal había quedado marginado del poder político, el ambiente preelectoral del año 54 se presentaba tenso.

En entrevista concedida por Villeda Morales al órgano periodístico del estudiantado, una de las preguntas formuladas por el reportero versó sobre la posición del Liberalismo con respecto a la huelga de los trabajadores de la Costa Norte. Esta fue la respuesta del candidato:

"Los directores de la huelga recomendaron a las agrupaciones políticas la no intromisión en el conflicto huelguístico. No desconozco la complejidad del problema así como las implicaciones de todo tipo que las reclamaciones obreras llevan consigo. El Partido Liberal anhela que en la huelga no hayan vinculaciones con elementos totalitarios que pudieran deformar el carácter reivindicativo legítimo de los trabajadores en huelga. Yo personalmente estimo que la huelga es un fenómeno social, económico y patriótico" (El Universitario, 6ª, número 35, 8 de junio de 1954).

Unos días antes de estas declaraciones, el vocero oficial del Partido Liberal había atacado al Comité Central de Huelga en estos términos:

"La actitud demagógica de los delegados del Comité Central de Huelga responsables del fracaso de las negociaciones ha causado entre otros compañeros una justa y natural indignación según se deduce de una hoja volante impresa que circuló en San Pedro Sula en la cual demandaban la renuncia o destitución de los líderes a quienes se considera como autores del fracaso de las negociaciones, cuyos procedimientos amenazan echar a perder todo lo bueno que los proletarios del banano podrían obtener como natural consecuencia de la huelga, si las personas acusadas de responsables del desastre hubieran adoptado una actitud conciliadora y menos insensata, y sobre todo si ellos hubiesen procedido con la seriedad que el caso, de suma gravedad, demanda... No es justo que el capricho o el izquierdismo irreal de uno o unos pocos líderes hagan fracasar en sus aspiraciones de superación individual y colectiva a más de 25,000 hondureños y sus respectivas familias" (El Pueblo, 3 de junio de 1954, pp. 1,4).

Era visible la preocupación de la dirigencia liberal, ya que el tiempo avanzaba y el conflicto laboral principal, el de los trabajadores de la Tela Railroad Co., no presentaba visos de solución. En la medida que la huelga continuaba, el Partido Liberal no descartaba la posibilidad de que el Gobierno encontrara un pretexto para no convocar a elecciones. De allí que tanto El Pueblo como los líderes de ese partido centraban sus prédicas y exhortaciones en una rápida conclusión del movimiento huelguístico.

El Partido Liberal deseaba que el Presidente Gálvez en persona ofreciera su mediación. Ante la renuencia de éste, el Liberalismo se dirigió al Partido Nacional y al Movimiento Nacional Reformista a fin de que se reunieran, "con el propósito de ofrecerle al Gobierno su colaboración conjunta, a fin de encontrar la manera de poner término a la grave situación que ha creado la huelga, mediante una fórmula que satisfaga, a base de equidad, los intereses de la Tela Railroad Company y de sus trabajadores, ya que esta crisis está perjudicando la economía privada y fiscal, y para evitar que pueda degenerar en trastornos de orden político, cuyas consecuencias serían imprevisibles" (Partidos políticos, Gobierno y Huelga. El pueblo".

Esta iniciativa fue rechazada por el Partido Nacional, argumentando que ya se había dirigido en términos similares al Gobierno.

El Partido Liberal acusaba al Cariísmo de utilizar la huelga bananera en "perjuicio del Partido Liberal y del Gobierno, con el fin avieso de crear una crisis al Gobierno de la República y de perjudicar al Partido Liberal, haciendo aparecer a éste ante la opinión nacional e internacional como promotor e instigador de los mencionados acontecimientos... La maniobra no podía venir de otra parte sino que del grupo solitario pero audaz que jefea el Doctor Tiburcio Carías, quien no se ha dado punto de reposo en su afán de perjudicar, por cuantos medios le fuera posible, al Partido de sus odios... El vocero del Cariísmo ha arreciado su gritería contra el Partido Liberal acusándolo, de tener nexos comunistas y de ser el responsable directo de la situación de la Costa Norte... Hojas sueltas sin la firma responsable y sin pie de imprenta, en las cuales se instiga a la huelga y se dan vivas al Partido Liberal, están siendo distribuidas por agente del loat carismo en todos los campos bananeros... Como comprenderá cualquier persona que tenga dos dedos de frente, es completamente falta de lógica y reñida con el más rudimentario sentido común, la especie propalada por nuestros adversarios de que el Partido Liberal, que actualmente se prepara para presentarse a los comicios de octubre, y que por lo mismo necesita de un clima de libertad y de normalidad nacional, sea el fomentador de la situación porque atraviesa la Costa Norte (El Pueblo, 7 de mayo de 1954, pp. 1,5).

Por su parte, el Partido Nacional evitaba adoptar públicamente posiciones que lo presentaron como opuesto a las reivindicaciones obreras, comprendiendo que, de hacerlo, se alienaba a los electores de la Costa Norte, cuyas simpatías políticas favorecían al Liberalismo. La masacre perpetrada en 1944 en San Pedro Sula, en la que perecieron manifestantes que demandaban la renuncia del entonces Presidente Carías, a manos de tropas gubernamentales, estaba aún muy fresca en la mente de sus habitantes. Además, las promesas electorales del candidato Villeda Morales lograban recoger, con mayor amplitud que las de sus rivales, las aspiraciones de los sectores obreros y medios de la Costa Norte. En el Partido Liberal veían la promesa de cambios en tanto que el Partido Nacional era visto como la continuidad del sistema tradicional.

Los editoriales de su órgano propagandístico, si bien señalaban la presencia comunista entre varios de los dirigentes huelguísticos, se abstenían de condenar al proletariado agrícola en su página editorial. Algunos artículos, generalmente sin firma responsable, señalaban los supuestos beneficios que las empresas bananeras habían traído al país.

Es un hecho verificado que al ser traídos prisioneros a Tegucigalpa dirigentes huelguistas, el General Tiburcio Carías movilizó recursos legales así como a los Magistrados de la Corte Suprema de Justicia, en favor de los acusados. El testimonio expresado a este autor por parte de Teresina Rossi confirma esta aseveración. El antiguo gobernante depositó sumas de dinero, en calidad de fianza, en favor de los encausados. ¿Qué perseguía Carías con estas actitudes heterodoxas? ¿Cálculo político o solidaridad humana? El hecho es que, en ese entonces, su intervención favorable a los detenidos no trascendió ampliamente. Sea como fuere, no puede omitirse esta acción por parte del Caudillo, y debe quedar constancia histórica de la misma.

De acuerdo a dirigentes del Movimiento Nacional Reformista, la participación de Carías durante el desarrollo huelguístico se había caracterizado por la duplicidad ya que por un lado argumentaba que hacía falta autoridad por parte del Gobierno para concluir con las huelgas. Al fallarle esta táctica, "se dio en procurar la agitación-medios comunistas de los trabajadores, para indirectamente, hacerse propaganda, siempre con el mismo fin: aparecer como el único garante de la paz y tranquilidad de la República" (Prensa Loibre, 9 de julio de 1954, número 129, p.1.).

El mismo articulista hacía una defensa del régimen de Gálvez, ya que éste, a falta de una legislación obrera que Carías se había negado a emitir cuando se había desempeñado como mandatario, había nombrado una Comisión Mediadora para resolver el conflicto. En la ya citada entrevista realizada por el Organo estudiantil al candidato Liberal, otra de las preguntas era ésta: ¿Cómo considera la actitud del Presidente Gálvez frente a la Huelga de la Costa Norte? A lo que Villeda contestó así:

"La negativa de los poderes públicos a escuchar las demandas obreras al no emitir una ley que armonice las relaciones entre el capital y el trabajo, está surtiendo sus efectos. Tanto las declaraciones oficiales como las informaciones transmitidas por agencias noticias internacionales, han tratado de exhibir un cariz exclusivamente político e insurreccional al desarrollo de esta reclamación, que fundamentalmente se origina en reivindicaciones de tipo económico y social. Para mí fue extraño que la Comisión Mediadora del Gobierno concurriera primero al centro huelguístico de la Standard y no al de la United Fruit Company, donde se inició la huelga" (El Universitario, 6ª época, Número 35, 8 de junio de 1954, p.2).

Puede apreciarse que tanto el Reformismo como el Liberalismo adoptaban una posición marcadamente legalista en el análisis de conflicto: la inexistencia de una legislación laboral. Sin tratar de minimizar este hecho, que, efectivamente, impedía regular jurídicamente las relaciones obrero-patronales, lo cierto es que las causales del conflicto trascendían el marco jurídico. Así lo reconocía Villeda en la última parte de su respuesta.

En síntesis, los partidos políticos que iban a participar en las elecciones de finales de año veían las huelgas como un obstáculo que ponía en peligro la celebración de las mismas. De allí su sentido de urgencia porque concluyeran cuanto antes. Ninguno de los tres tuvo la suficiente visión como para capitalizar a su favor a esa gigantesca eclosión social. Cuando más, el Liberalismo incorporó algunas de las aspiraciones obreras y campesinas a su programa de gobierno, caso de triunfar en los comicios (lo que explica el apoyo popular que recibió en las urnas), pero su papel ante las huelgas obreras fue de espectadores más que de apoyo solidario. Dejaron pasar una oportunidad histórica irrepetible, anteponiendo a cualquier otra consideración, la preocupación electoral.

CAPÍTULO XI: EL APOYO ESTUDIANTIL AL MOVIMIENTO HUELGUÍSTICO

Los estudiantes universitarios que apoyaron el movimiento huelguístico y condenaron el ataque al régimen constitucional guatemalteco pertenecieron a la que ha sido llamada "Generación del 49", para diferenciarla de la precedente, conocida como "Generación del 44". Esta, opuesta a la dictadura de Tiburcio Carías, vio frustrados sus estudios universitarios cuando fue clausurada la Universidad a raíz de las protestas ocurridas el año en que fueron derrocados los generales Ubico y Hernández Martínez, en Guatemala y El Salvador, respectivamente. Varios de sus integrantes se marcharon al exilio a los países vecinos, algunos culminando sus estudios superiores en esas naciones.

La "Generación del 49" estableció una acción que se proyectó hacia la participación en la solución de los problemas socioeconómicos del país, interviniendo activamente en debates y por medio de su vocero El Universitario.

Fue precisamente en 1949 cuando se discutieron las contratas presentadas por la Tela Railroad Co., para cultivar en gran escala cacao, abaca y palma africana, que, gracias a la apertura política puesta en práctica por el Presidente Gálvez, fue posible un amplio debate, en el Congreso, la prensa y en asambleas públicas, no sólo sobre la posibilidad de improbar la solicitud presentada a la Cámara Legislativa por la empresa frutera, sino también se cuestionó el régimen de concesiones así como los beneficios que derivaba el país y el Estado con la presencia de las compañías bananeras.

El estudiantado universitario elaboró un documento, preparado por Dante Gabriel Ramírez, Darío Humberto Montes, Rodolfo Rosales Abella, Ubodoro Arriaga, Óscar Moncada y José Batres Hernández. Comisiones estudiantiles formaron el Frente de Unidad Hondureñista para oponerse a la aprobación de las referidas concesiones.

La Federación de Estudiantes Universitarios de Honduras (FEUH) inició contactos con sectores populares de la Costa Norte y de la capital. En ésta, de manera encubierta, se realizaban encuentros con artesanos en que se discutían temas como cooperativismo, reforma agraria y sindicalización. El énfasis de la FEUH era que la Universidad se involucrara en los problemas nacionales no sólo desde la cátedra sino, igualmente, en el campo de la praxis. Fue así que se convocó para una manifestación pública de protesta contra la solicitud de concesiones, la que se llevó a cabo el 28 de agosto de 1949. En la misma participaron diversos sectores sociales, hermanados en la defensa de los intereses nacionales. Así se expresaba el vocero estudiantil respecto a la importancia de esa protesta pacífica:

"La manifestación del 28 de agosto de 1949 fue eso. Fue el grito de condena de la nueva generación hondureña contra quienes habían vendido el alma nacional".

Algunos de los reclamos del estudiantado universitario, en ésta y en posteriores manifestaciones eran estos: autonomía municipal, reforma y autonomía universitaria, revisión del régimen concesionario; defensa de la integridad territorial (ésta se refería al problema limítrofe con Nicaragua) e independencia económica de Honduras; legislación social avanzada: Código de Trabajo, libre sindicalización, derecho de huelga, seguridad social, concesión de derechos políticos a la mujer.

Al ser aprobadas las contratas por el Congreso Nacional, que contaron con la oposición de los abogados, presididos por su Presidente, Ramón Ernesto Cruz, se suscitaron una serie de protestas populares; pese a ellas, el Poder Ejecutivo ratificó la acción legislativa y la Tela Railroad amplió y diversificó su agroindustria. Al ser declarada la huelga por los trabajadores bananeros, la FEUH consideró su deber apoyarla, para lo cual convocó a una Asamblea General en el Paraninfo. Allí se acordó brindar un respaldo irrestricto a la misma, proclamándola como la segunda independencia del país. Se procedió a crear una Comisión de Apoyo, constituida por Ramiro Cabañas, Virgilio Carías, Alfonso Lacayo, Gautama Fonseca, Leonardo Godoy Castillo y Rodolfo Rosales Abella, contando como Asesor con el Abogado Francisco Zacapa. La posición estudiantil era expresada, en términos inequívocos:

"Los Estudiantes Universitarios de Honduras, acuerpamos y calorízamos, decididamente, el movimiento huelguístico bananero, porque depositamos nuestra fe en los nobles postulados que enarbolan los compatriotas en huelga, y porque vemos con satisfacción y orgulllo que nuestro pueblo por fin ha encontrado el camino de la redención" (El Universitario, número 35, 6ª época, 8 de junio de 1954).

El 7 de mayo la FEUH, en Asamblea General, acordó crear un Comité Universitario Pro-Ayuda a los trabajadores bananeros, integrado por Carlota Eva Falk, Soledad Osejo, Gustavo Andara Bulnes, Armando Sarmiento h., Marco Tulio del Cid, Francisco López h., Ricardo Freije Mejía, Francisco Saybe, Lisandro Ochoa y César Enrique Bustillo. El mismo día la junta directiva de la FEUH emitía un pronunciamiento expresando su solidaridad con los parados en sus justas y legales demandas.

Lo firmaban Rodolfo Rosales Abella, Presidente; Jesús A. Vásquez, Secretario General; Oscar René Rendón, Secretario del Interior.

Esa solidaridad era ratificada el 28 de mayo en documento que, entre sus considerandos decía:

"Que existen fuerzas anti-hondureñas empeñadas en una campaña para crear la desconfianza de la opinión pública hacia las justas demandas de los trabajadores. Que por hondureñidad y justicia, la causa de los huelguistas nos pertenece a todos los hondureños...".

También acordaba otorgar ayuda directa y excitar a los hondureños para que se sumaran al sostenimiento pecuniario de la huelga A todo esto se había desplazado hacia la Costa Norte una delegación estudiantil encabezada por Rosales Abella, acompañado por Gautama Fonseca, Ramiro Cabañas, Guillermo Bueso, Leonardo Godoy, Rigoberto Rendón, Alfonso Lacayo, Ricardo Freije. La misma redactó en La Lima el borrador del pliego de peticiones presentado por los mineros a la Rosario Mining Co., quienes se habían presentado en solicitud de ayuda legal.

El recorrido de los estudiantes universitarios, motivado por propia iniciativa, los llevó también a El Progreso, siendo aquí recibidos con hostilidad no así en La Lima. De acuerdo a la versión de un participante, encontraron una acogida amistosa, por contraste, en La Lima. Ello se debió a que la posición de la FEUH era que no había que adoptar actitudes extremas que pusieran en peligro el éxito de la huelga y que la misma estuviera expuesta a la represión. A su regreso a Tegucigalpa, elaboraron un informe el cual fue presentado a la Asamblea General, la que consideró no era oportuno publicarlo para no perjudicar la causa huelguística.

De acuerdo al informante arriba citado, el Gobierno de Gálvez deseaba obtenerlo, para utilizar su contenido en contra de los dirigentes huelguistas considerados de izquierda. A través de un intermediario, se le ofreció al Presidente de la FEUH, una importante cantidad en efectivo y el puesto de Embajador en Brasil. Esta propuesta fue rechazada tajantemente. Nuestro entrevistado, a pregunta que le formulamos respecto a las posibles razones para la actitud asumida hacia la delegación estudiantil por parte del Comité de Huelga progreseño respondió que tal vez pudo deberse a que la dirigencia local de la huelga consideró que los estudiantes podían disputarles el liderazgo del movimiento, lo cual no estaba en la mentalidad universitaria (Entrevista realizada a Rodolfo Rosales Abella, abril de 1994).

De acuerdo a otro entrevistado la posición estudiantil ante los huelguistas era de tipo legalista en el sentido que los huelguistas carecían de fundamento jurídico para emprender una huelga por lo que iban a ser reprimidos. Un dirigente comunista, de acuerdo a su versión, les rebatió tal posición, toda vez que Honduras ya era signataria de la Carta Interamericana de Derechos Sociales, la cual ya había sido aprobada por el Congreso Hondureño.

La Asociación de Practicantes Internos del Hospital General, con la colaboración de droguerías y farmacias de Tegucigalpa, organizó la Unidad de Asistencia Médica para los Huelguistas, integrado por los estudiantes de Medicina Enrique Aguilar Paz, Mario Alcerro Castro, Ramón Custodio, Mario Pineda y Rodolfo Dubón. Además, visitaron la Costa Norte donde atendieron brotes de enfermedades gastrointestinales e impartieron charlas a los huelguistas sobre educación sanitaria.

Los estudiantes del colegio secundario Francisco J. Mejía, en Olanchito, recaudaron L61.00 para la causa de los huelguistas.

La Sociedad Cívica La Juventud, de San Pedro Sula, enviaba un mensaje de solidaridad a los huelguistas y donación de víveres.

El estudiantado universitario, mientras tanto, sin retirar su apoyo a los trabajadores costeños, dirigía su atención hacia la invasión que estaba experimentando Guatemala. La FEUH preparó un mitin de adhesión a Guatemala, cuyo territorio estaba ya siendo invadido por las fuerzas de Castillo Armas. La reacción del Gobierno hondureño fue encarcelar a Rodolfo Rosales Abella, Gautama Fonseca, José María Rosa, Gustavo Andara Bulnes, Bayardo Aguiluz.

La FEUH se oponía tanto a la posible guerra de Honduras con Guatemala así como a la eventualidad de una declaración de estado de sitio, represión de la huelga, suspensión de las elecciones presidenciales y la prolongación del período presidencial de Gálvez.

Pese a la captura de sus dirigentes, los estudiantes universitarios no paralizaron el movimiento protestatario; por el contrario, organizaron una manifestación concurrida por un estimado de 72,000 personas pidiendo la libertad de los estudiantes apresados; cerraron las distintas facultades el 24 de junio, éstos habían contratado como sus defensores a los abogados Rafael Medina Raudales, Modesto Rodas Alvarado, Juan Miguel Mejía, Ramón Valladares Soto y Ricardo Pineda Milla.

El gobierno les decretó auto de prisión a Óscar Moncada Milla, Gustavo Andara Bulnes, Gautama Fonseca y Rodolfo Rosales Abella, acusándolos de actos de subversión. Eventualmente fueron liberados. El Presidente de la FEUH, con posterioridad a su excarcelación, se marchó durante seis meses a México.

En una evaluación que él ha hecho relativa al papel estudiantil en apoyo al movimiento huelguístico, considera que se cumplió con un papel destacado al apuntalar la huelga. Lo más importante para la FEUH era defender la causa obrera y no intereses particulares. En su opinión, el estudiantado hizo lo que pudo, dentro de sus posibilidades; con la represión gubernamental se debilitó al movimiento estudiantil y, consiguientemente, decayó el apoyo efectivo estudiantil hacia la huelga.

Tomando en cuenta la extracción social del estudiantado universitario hondureño, compuesto por hijos de las clases altas y medias de la sociedad, su apoyo a la causa obrera no podía ir más allá de ciertos límites, dictados más por natural rebeldía juvenil, por su sentido de justicia, que por afinidad clasista. Por supuesto, este juicio no demerita ni trata de minimizar el generoso y espontáneo accionar del estudiantado de hace cuarenta años.

XII: LA IGLESIA CATÓLICA Y EL MOVIMIENTO HUELGUÍSTICO

La Iglesia Católica hondureña no permaneció indiferente ante la serie de huelgas que se suscitaron; empero, su involucramiento fue marginal. Hemos ya hecho referencia al papel jugado por Monseñor Capdevilla, colaborando, como especie de intermediario, entre el sector huelguista de La Lima y la empresa bananera, adoptando una actitud favorable a los intereses de la Tela Railroad y del Gobierno.

Monseñor José de la Cruz Turcios envió un cheque por cien lempiras para el sostenimiento de los huelguistas en Tela, pidiendo a Dios, por medio de un mensaje, "que muy pronto haya de solucionarse las dificultades, a fin de que termine la huelga según el espíritu cristiano y las sabias normas de Su Santidad León XII, llamado el Papa de los Obreros, devolviendo la Paz y la Justicia en tantos hogares. Bendígoles de todo corazón" (El Pueblo, 21 mayo 1954, p. 1).

El 16 de julio de ese año, en su carácter de Arzobispo de Tegucigalpa y Metropolitano de la Provincia Eclesiástica de Honduras, Turcios publicó una Carta Pastoral, sobre cuya autoría un investigador nicaragüense afirma que no se debió, sino al Nuncio Apostólico Antonio Taffi, quien presionó a Turcios para que se pronunciara respecto a la problemática social del momento. En su opinión, la Carta Pastoral no ofrece nada nuevo, nada personal. Es un resumen de lo que ya se ha dicho (Cardenal, Rodolfo. Acontecimientos sobresalientes de la Iglesia en Honduras, 1900-1912).

Para otro intelectual, a su vez religioso, José María Tojeira, la Carta servirá para comenzar a tocar los graves problemas sociales que se van manifestando en Honduras.

Ambas observaciones son atinentes. Desde el punto de vista ideológico, no existe en ese documento un esfuerzo intelectual original, aplicado a la situación laboral específica; está basada, en su aspecto doctrinario, en las Encíclicas Rerum Novarum de León XIII, de 1891. Quadragésimo anno de Pío XI (1931), y Divini Redemptoris (1937) del mismo Pontífice (1937).

Cabe destacar la parte introductoria, cuando afirma: "En los últimos meses, el ánimo de todos los hondureños ha estado ocupado por los conflictos obrero-patronales que han tenido origen en el norte del país, llegaron hasta la capital, y cuyos ecos han repercutido hasta más allá de las fronteras. Estos conflictos ponen de manifiesto la existencia de un problema. Todos los hondureños se han ocupado del asunto y cada cual se ha formado su opinión con relación al mismo"[22].

De la lectura de este párrafo se deduce que los movimientos sociales de ese año trascendieron el ámbito regional para extenderse a otros puntos del territorio, llegando a revestir dimensiones nacionales. Igualmente, de una u otra manera, afectaron a muchos compatriotas, además de los huelguistas, al asumir tomas de conciencia sobre los conflictos, bien a favor o en contra de los mismos.

Siguiendo la línea de pensamiento de los Papas arriba mencionados, la Iglesia adopta en este documento una actitud equidistante entre capital y trabajo, admitiendo que el origen del problema laboral debe encontrarse en:

"La desigual distribución de la riqueza y de los bienes entre los hombres, pues mientras, por una parte, está la clase de aquellos que teniendo dinero en gran abundancia y disponiendo de cuantiosos bienes, gozan de todas las comodidades y bienestar que la vida puede ofrecer, por otra parte está la clase de aquellos otros que apenas tienen lo necesario para subsistir, y que se ven obligados a continuo y rudo trabajo, en recompensa del cual reciben un salario inadecuado muchas veces, para hacer frente a las necesidades personales y de los suyos".

Tomando en cuenta el ambiente ideológico de guerra fría que permeaba los esquemas y estructuras mentales de los contemporáneos, asumiendo posiciones dogmáticas y unidimensionales, esta Carta Pastoral reviste importancia ideológica y debe ser entendida dentro del contexto de esa época.

No contamos con información que nos indique si las iglesias protestantes establecidas en Honduras para ese entonces adoptaron posturas oficiales con relación a los movimientos obreros. Empero, gracias al testimonio de Teresina Rossi, sabemos de la participación que, en el sector de Tela, tuvieron el pastor evangélico Heráclito Jiménez y varios miembros de su congregación, apoyando la huelga,

---

[22] Carta Pastoral del Excelentísimo y Reverendísimo Monseñor José de la Cruz Turcios y Barahona, Arzobispo de Tegucigalpa y Metropolitana de la Provincia Eclesiástica de Honduras sobre problemas obrero-patronales y cuestiones sociales. Tegucigalpa, Ariston, 1954, p. 3.

a pesar de las acusaciones de "comunistas" dirigidas contra varios dirigentes de ese distrito, entre ellos Ríos, Sheran y Alberty.

Los masones de la Logia Fraternidad Número 7 en Tela, por su parte, enviaban un mensaje solidario a los huelguistas, ofreciendo enviar una "modesta" ayuda material y moral.

Añadían: "No ha pasado inadvertida ante el conflicto laboral suscitado entre ustedes, los trabajadores y la Tela Railroad Co., en demanda de aumento de salarios y mejores condiciones de vida, cosa muy inherente, natural y justa a todos los seres humanos..." (El Día, 14 de junio de 1954).

CAPÍTULO XIII: LA PRENSA HONDUREÑA Y SUS ENFOQUES DE LAS HUELGAS

Hemos hecho referencia al papel informativo y orientador del vocero del PDRH, Vanguardia publicado por vez primera en 1946 y luego convertido en Vanguardia Revolucionaria. También debe destacarse, dentro de la prensa obrera, a El Chilío, publicado en Tegucigalpa a partir de 1949 así como Voz Obrera, fundado en 1950 y órgano del Comité Coordinador Obrero, también impreso en la capital.

El periodista Ramiro Carvajal excitaba a sus colegas a fin de que, al enfocar al movimiento huelguístico y sus demandas lo analizaran como un hecho profundamente conexo a la doctrina de los Derechos del Hombre .

Una delegación de periodistas capitalinos integrada por Serapio Hernández por El Cronista, Joaquín Mendoza Banegas, por Gráfico, Alejandro Castro h. por La Nación y Prensa Libre, Carlos C. Colindres por La República, Juan Ramón Ardón por El Día, Arturo Adolfo Miralda por La Época, Enrique Gómez por las radios HRTV y HRTW y Ezequiel Escoto por El Pueblo, se desplazaron por vía aérea hacia la Costa Norte, a fin de cubrir las huelgas. El recorrido se inició en La Ceiba, en donde entrevistaron a miembros del Comité de Huelga, entre ellos a Alfredo Matute, Secretario del mismo, lo mismo que a Zoroastro Montes de Oca, quien fungía como portavoz y asesor de los parados.

Igualmente conferenciaron con el Gerente General de la Standard Fruit, Bertie R. Hogge, quien ofreció su versión afirmando que la empresa estaba operando con pérdidas en los años recientes y que apenas en los últimos tres se había conseguido balancear operaciones, sin que las utilidades excedieran de un millón de dólares. La empresa estaba perdiendo 135,000 racimos no exportados. A una pregunta de Mendoza Banegas respecto a la conducta de los huelguistas, declaró el ejecutivo frutero:

"Nada tengo que resentir de los trabajadores; no hemos recibido de ellos ofensas ni agresiones: los admiro por su compostura de ordenamiento (sic) y de respeto".

De La Ceiba se trasladaron a Tela, donde, de igual manera, conversaron con dirigentes obreros como Luis B. Yáñez ý Gabriel Moya; en Puerto Cortés con Luis Melara y Céleo González. Al desplazarse a la zona de El Higuerito, reportaron las condiciones de 122 finqueros independientes, a quienes la Tela Railroad les había distribuido lotes y prestado dinero a fin de que operaran por cuenta propia. De acuerdo a sus declaraciones, ganaban un promedio de L500.00 semanales, después de amortizar a la empresa el 30% de préstamo recibido. Debido al paro laboral no habían podido exportar fruta. En San Pedro Sula entrevistaron a las obreras de ocho fábricas de camisas, las que también se habían ido a la huelga, así como a los obreros en paro de la Tabacalera Hondureña, que ascendían a 130.

En La Lima dialogaron con Valencia, el cual negó que hubiera comunistas entre los huelguistas, admitiendo que él en persona había capturado a un obrero tildado de Comunista (Francisco Cardona Casaña):

"Pues es cierto. Cierto que le hallamos papeles comprometedores, por cuyo hallazgo lo entregamos a las autoridades, pero no es cierto que sea de nuestros hombres. Nosotros no queremos en nuestras filas militantes de ese tipo".

A la pregunta de si existían rivalidades o desacuerdos con el Comité Central de Huelga respondió:

—A mí se me quiso despojar del liderazgo. Anduve listo y la cosa no prosperó. Más lo que a ustedes les interesa saber es que de aquí mandamos tres representantes a Progreso, uno de los cuales, el compañero César Augusto Coto, ha querido cogerse el mandado.

—¿Y se lo cogió?

—Parece que sí. Se ha hecho nombrar Secretario General del Comité Ejecutivo y en esa categoría nos está impartiendo órdenes, órdenes que yo no estoy dispuesto a cumplir por lo mismo que no se conforman a las credenciales que le otorgamos. A mí se me acusa de que ya me vendí a la Compañía por treinta mil lempiras o dólares. Yo celo que nadie venda la Huelga con un entreguismo o una traición descalificadora de su razón de ser. Nadie debe subordinarse a las influencias que no respondan a un sentimiento netamente hondureño.

Al trasladarse a El Progreso los redactores dialogaron con Coto y Juan B. Yáñez. Al preguntarle sobre sus relaciones con Valencia afirmaron:

—Valencia es miembro de nuestro Comité, pero parece que nos quiere jugar sucio. Lo hemos llamado y no viene. Está encaprichado en no salir de La Lima.

—Lo sabemos. El mismo nos lo dijo en su champa. Alega que ustedes se han dejado influir por manejos extraños y que sustentan unas ideas distintas al sentir hondureñista.

—Eso lo dice para justificar su deserción.

En términos generales la prensa citadina y la de poblados en la Costa Norte trataron el tema de las huelgas de manera objetiva, incluso en términos favorables a las aspiraciones obreras; en mayor o menor grado, todos atacaron la influencia marxista de varios dirigentes huelguísticos así como el apoyo moral solidario de la CTAL. El semanario El Sampedrano, para el caso, acusaba a Lombardo Toledano de intromisión en la huelga por los mensajes que había enviado tanto a los parados como al Gobierno hondureño, demandando respeto a los derechos sindicales y a la vida de los trabajadores ("El comunismo estuvo perjudicando al movimiento obrero de la Costa Norte. Lombardo Toledano metido en el asunto". El Sampedrano, 3 de junio de 1954. Pp. 1,4).

Los medios de comunicación, obviamente, respondían a los intereses de sus propietarios así como a las inclinaciones políticas de los mismos. Además de la prensa obrera, fue probablemente El Cronista el que escribió en términos más favorables al movimiento huelguístico, así como El Universitario y El Pueblo. En este último diario, el tono de simpatía, manifiesto durante las laboral primeras semanas de la huelga, fue cambiando a medida que la misma se prolongaba. Esto era natural, ya que, como hemos visto, la preocupación fundamental del Partido Liberal era que la Administración Gálvez no encontrara motivos, justificados o no, que pospusieran y cancelaran el proceso electoral.

Entre aquellos periódicos más conservadores, La Época, vocero del Nacionalismo Cariísta y El Día, con estrechos vínculos económicos con la United Fruit Co., el tono tanto de la página editorial como de artículos incluidos en esa misma sección tendían, por una parte, a exaltar los beneficios traídos al país y a sus habitantes por las empresas bananeras; por otra, a magnificar el grado de influencia del Marxismo entre la dirigencia inicial del movimiento huelguístico; igualmente, detectaban la injerencia guatemalteca tanto en la planificación como en el prolongado sostenimiento del mismo. Al respecto, debe ser recordado que el gobierno norteamericano, a través de la CIA y sus embajadas en distintos países, financió una amplia campaña propagandística, incluso al interior de los Estados

Unidos, a fin de crear un clima y una coyuntura propicia que justificaran tanto la desestabilización como el eventual derrocamiento del gobierno, popularmente electo, de Arbenz Guzmán.

La United Fruit Company, por su parte, reproducía en los principales medios de comunicación del país, boletines diarios, así como campos pagados, que daban a conocer sus enfoques y puntos de vista. En páginas anteriores hemos visto y reproducido análisis interpretativos de la prensa nacional; bien redactados por sus periodistas, bien por colaboradores. En ellos tratan de ahondar en los causales y el significado de las huelgas de 1954.

Entre los primeros destacan Ramiro Carvajal, quien escribía en Social, Dionisio Ramos Bejarano, de Vanguardia Revolucionaria y El Chilío, bien con su nombre o bajo el seudónimo R. Suazo y Javier Márquez; Ezequiel Escoto, redactor de El Pueblo. Entre los segundos, José Jorge Callejas, imbuido de una gran capacidad de análisis.

Los principales diarios extranjeros, entre ellos el New York Times y Le Monde destacaron corresponsales a fin de reportar a sus lectores lo que ocurría en un país centroamericano hasta entonces carente de interés periodístico, salvo por el hecho que nuestro territorio era utilizado como base de entrenamiento por las fuerzas reclutadas por la CIA para el ataque a Guatemala.

CAPÍTULO XIV: CONSECUENCIAS DE LAS HUELGAS BANANERAS

De manera un tanto artificial, hemos agrupado los efectos de los paros obreros, dependiendo de su impacto, en las siguientes categorías: sociales, económicos, políticos, jurídicos y mentales. Sabemos la interrelación que existe entre ellas, así como su recíproca influencia de allí que, repetimos, su reducción a compartimientos estancos pudiera resultar forzada.

Ramón Amaya Amador (El camino de mayo es la victoria. Presencia Universitaria, número 7, año 2, abril 1974), es del criterio que el gran movimiento de trabajadores no podía ser sólo en el terreno económico y social, aun cuando sus demandas principales se fincaron en esto. Fue en el fondo un movimiento político. Eminentemente político.

Este criterio nos parece correcto y lo hacemos nuestro.

SOCIALES

La más inmediata fue el desempleo ocurrido entre los trabajadores bananeros. Esta tendencia se manifestaba desde 1949 pero alcanzó su punto máximo en 1954, cuando fueran despedidos más de 10,000 trabajadores que representaban el 40% del total de empleados en 1953.

Esta expulsión de mano de obra empleada está vinculada a la huelga de mayo-julio de 1954 y a las inundaciones de octubre de ese año... Según las compañías bananeras, apunta CEPAL, la gran expulsión de mano de obra en 1954 y 1955 se debió a los siguientes factores: a) La sustitución del método manual de aplicación del bordelés para combatir la plaga de la Sigatoka por el uso de helicópteros. El primer método requería 74 hombres por hectárea; una empresa bananera dejó de necesitar, sólo por este concepto, 2,800 hombres. b) La reducción del área sembrada, debido al costo creciente de la lucha contra las enfermedades; c) La mecanización cada vez mayor que ha sido necesario introducir en las labores para compensar la elevación de salarios ocurrida en 1954.

Una observación atenta a la nómina de pagos y al promedio pagado por trabajador, corroborando la tendencia observada por CEPAL hacia la mecanización creciente, muestra un incremento tendencial del número de personal mejor pagado y, por lo tanto, supuestamente mejor calificado, al tiempo que una tendencia a la declinación de los empleados no calificados, que devengan, por tanto, salarios más bajos . El investigador social Rodolfo Pastor Fasquelle calcula que las empresas bananeras desplazaron de sus operaciones a cerca de veinte mil obreros, virtualmente un quinto de la población del entonces Departamento de Cortés. Eso hubiera podido producir una catástrofe social. Pero la existencia de una base industrial en San Pedro Sula permitió la reubicación también de los desplazados, que se integraron gradualmente a la vital economía de la capital norteña... La industria azucarera emprendió una nueva fase de expansión con la nueva inyección de mano de obra ...

Por desgracia, la multitudinaria participación obrera durante más de dos meses no consolidó la unidad proletaria. Por el contrario, como nos indica un politólogo estadounidense, desde el momento mismo de su nacimiento legal, el movimiento sindical hondureño en su nueva etapa aparece seriamente dividido (*).

(*). James Morris, Interest groups and politics in Honduras. Alburqueque. The University of Mexico, 1974. P. 101).

Otro impacto social lo fue la emigración de familia que habían resultado desplazadas o no encontraban empleo luego de la conclusión de la huelga, por lo que habían emigrado a centros urbanos de la Costa o al interior del país. La Tela Railroad negaba tal especie.

El obrerismo organizado empezó a emerger como un sector minoritario y relativamente privilegiado de la fuerza laboral hondureña, en razón de su creciente capacidad organizativa y negociadora. Junto con los sectores medios, fueron creciendo numéricamente y como un nuevo grupo de presión. Este fenómeno fue visible con el fin de la Segunda Guerra Mundial y durante la década de los años cincuenta se intensificó esta tendencia. En palabras de Amaya Amador, las huelgas de mayo, como un genuino movimiento de masas, despertaron a la nación del letargo social; mostró a los trabajadores en su experiencia que la clase obrera es una potencia incontrastable siempre que actúa unida con dirigentes leales, como también enseñó que la división en las filas de los trabajadores y el permitir que la dirección de los movimientos y de los sindicatos caiga en manos oportunistas lleva irremediablemente al fracaso.

Como acertadamente nos recuerda Pastor Fasquelle, en las huelgas participaron, directa e indirectamente no sólo diversas clases sociales sino, además, varias etnias. Una de ellas fue la árabe, esto es, los palestinos establecidos en su calidad de inmigrantes a partir de principios de este siglo, en los principales centros urbanos hondureños.

A propósito de críticas formuladas en el diario capitalino La Época, el cónsul honorario de Líbano en Honduras, considerado además como el portavoz de la colonia árabe en nuestro país, envió una reveladora carta que, por su importancia, la reproducimos íntegramente. Al referirse a las huelgas afirmaba:

"El triste problema actual, en el que un sector sufrido del pueblo pide y reclama sus derechos y un mejor nivel de vida, debe ser enfocado con completa imparcialidad. En este problema intervienen dos factores: por un lado, los patronos y por el otro, los trabajadores. En ello no intervienen de ninguna manera el origen o la raza de unos y otros. El problema es de carácter nacional y en este sentido debe ser resuelto. La colonia árabe-hondureña no es una colonia extranjera. Según dichas estadísticas el 60% de sus componentes son hondureños de nacimiento, el 30% lo son por naturalización y sólo un 10% ha conservado su nacionalidad original… El verdadero problema debe ser tratado como ha sido en todo el continente americano, bajo su verdadero aspecto, es decir, buscando la solución que aliviaría la miseria del trabajador hondureño en un plano nacional sin discriminación de ninguna clase y basado en una justicia social que proteja los intereses de todos los hondureños" (Michel Hasbun al director de La Época, 2 de junio de 1954, pp. 1,4).

Los árabes tenían una razón concreta para apoyar las huelgas bananeras: el sistema de tiendas de las compañías o comisariatos era una manera por la cual las fruteras recuperaban parte de los salarios pagados a sus trabajadores, al estar exentas de impuestos las mercaderías importadas y expedidas en ellos, competían ventajosamente con los productos ofrecidos por los establecimientos comerciales palestinos. De allí que su apoyo a los movimientos de protesta obrera en el seno del enclave bananero se remontaba a los años veinte.

La participación de los árabes en la huelga permitió identificarlos, a ellos también, como parte de esa comunidad solidaria (no es casual que al año siguiente se incorporasen varios árabes en las organizaciones sociales de la burguesía).

Puede verse que el apoyo y simpatía que suscitaron las huelgas obreras trascendieron clases sociales, grupos étnicos y afiliaciones políticas. Ello lo tratamos con más detalle en otro apartado de esta obra. Baste señalar aquí que esos movimientos de protesta apelaron con éxito, al sentimiento nacional frente al control extranjero de los principales recursos naturales de Honduras: sus tierras y minas. Los complejos de humillación y frustración incrustados en la historia y psique del hondureño encontraron un alivio temporal contemplando el espectáculo, inédito en nuestro pasado, de miles y miles de campeños, venidos de tierra adentro, de los países vecinos y de las islas antillanas, junto a sus compañeras e hijos, intentando forjar su destino inmediato, en medio de una disciplina y organización de las que se les consideraba incapaces.

Las huelgas encontraron oídos receptivos entre compatriotas de diversa índole y antecedentes, que antepusieron sus intereses estrechos a los más amplios y generosos de los de abajo. Bien lo dice el ya citado historiador Rodolfo Pastor Fasquelle:

"Los sampedranos descubrimos nuestra identidad, por contraste u oposición a la de los norteamericanos a raíz de la huelga".

ECONÓMICOS

Daniel James, citado por Posas, calculaba que ambas empresas, la Tela Railroad Co., y la Standard Fruit Co. tuvieron pérdidas en la producción, tierras y equipo calculadas en 15 millones de dólares. El monto de los salarios no devengados por los obreros se estimaba en 2 millones de dólares, en tanto que la suma que el Estado dejó de percibir en concepto de ingresos fiscales se estimó en 1 millón de dólares.

La producción bananera sufrió un brusco descenso en los niveles de exportación: si en 1953 las exportaciones fueron de 12.4 millones de racimos, en 1954 las exportaciones habían descendido a 9.2 millones de racimos. Este descenso no es debido sólo a la huelga, sino que también —y en mayor, grado según parece— a las desastrosas consecuencias de las inundaciones de las plantaciones de la Tela Railroad Company en septiembre-octubre de ese mismo año.

Para el Estado resultó en una coyuntura fiscal desfavorable. La CEPAL indicaba que el impuesto sobre la renta pagado por las compañías bananeras representaba el 75.2% del total percibido por el

Estado en el período 1950-1953, porcentaje que se reduce violentamente en 1954, en que alcanzó el 12% de los ingresos tributarios totales.

Con relación a la satisfacción, por parte de la Tela Railroad, de las peticiones salariales planteadas por los obreros en el pliego de peticiones, las mismas fueron parcialmente resueltas en forma favorable; no obstante, la medular, esto es un incremento salarial del 50%, apenas fue satisfecha en una escala del 10 al 15%. Un resumen de lo obtenido por los asalariados como consecuencia del convenio firmado fue el siguiente: la petición de pago de salario doble por horas extraordinarias de trabajo es apenas resuelto parcialmente. La Compañía se compromete a pagar tiempo y medio por horas extras trabajadas luego de las ocho horas reglamentarias; vacaciones remuneradas con duración de dos semanas a todo empleado por mes o por día que devengue un salario de L150 o más, pago semanal de salarios tan pronto como la mecanización de las funciones de contabilidad lo permita; salario igual a trabajo igual y justo trato a los trabajadores. El convenio contempla importantes mejoras en los servicios médico-hospitalarios a los obreros, a sus familias, a las empleadas domésticas. Al mismo tiempo, se establece el pago de remuneración a los trabajadores que se encuentren incapacitados por enfermedad, mejores condiciones de alimentación para los trabajadores de los muelles, así como el compromiso de hacer cumplir la regla, ya existente según se dice en el convenio, de que los trabajadores no están obligados a comer con sus capataces... El Convenio considera además la posibilidad de mejores condiciones de vida, sin embargo sujetas a discusión posterior, así como el acatamiento de las "Medidas preventivas en lo relativo al equipo para proteger la salud del trabajador".

En opinión de Mario Posas, algunos de los puntos acordados significaron un apreciable mejoramiento de las condiciones de vida y trabajo de los obreros de las plantaciones bananeras. Para reiniciar las labores, la Compañía se compromete a pagar a los obreros —a títulos de rehabilitación, como reza el Convenio— la suma de L40 a todos aquellos que ganan hasta L200 y L100 a los que ganan más de L200 hasta L350 mensuales "siempre y cuando vuelvan a sus labores" en un plazo de ocho días a partir del 12 de julio, fecha establecida para el reinicio de las labores.

Dos puntos del Convenio requieren especial atención por las implicaciones que traerán consigo: el punto segundo del convenio firmado destaca que "la empresa a su discreción dará sus trabajos por hora, pieza, tarea, contrato o por mes"; el párrafo segundo del punto vigésimo-noveno establece que "la Empresa continuará con la plena administración de sus operaciones y con el derecho de hacer los traslados y reducción de personal por terminación de obra y actividades, así como por motivos de orden doméstico, en general, previa comprobación y por fuerza mayor y caso fortuito".

Las consecuencias de estos dos puntos del Convenio se expresan en un masivo proceso de expulsión de fuerza de trabajo. Mediante este convenio la compañía bananera obtiene control sobre el recurso de la huelga a través de una cierta institucionalización de las mismas. Se establece que, durante la vigencia del convenio, estimada en un año, siempre y cuando la legislación laboral virtualmente prometida por el Estado no sea emitida antes de ese plazo, "los trabajadores se comprometen a no recurrir a la huelga ni la Empresa al paro antes de haber agotado todos los medios conciliatorios".

Con relación al Impuesto sobre la Renta, por vez primera decretado en Honduras en 1950, el pago del mismo por parte de las empresas bananeras desde esa fecha a 1953 representó el 75.2% del total obtenido por ese concepto, pero ese porcentaje se redujo, para 1954, al 12%, debido a la contracción de la actividad bananera provocada por la huelga de mayo-julio y a las inundaciones de ese año...

Las cuantiosas utilidades remitidas al extranjero por las compañías bananeras que, en 1950, según datos de CEPAL, ascendieron a L48.6 millones, han de reducirse notablemente en 1954 y 1955, años en que dichas compañías declararon pérdidas que llegan a un total de $15.3 millones.

Apoyándose en datos suministrados por la Tela Railroad Co., La Barge afirma que el 75% de las plantaciones fueron dañadas de una u otra manera, mientras que el 31% fueron sacadas de producción incompletamente. Si en 1953 las tierras dedicadas al cultivo del banano eran de 45,944 acres (incluyendo Higuerito), en 1954 habrán descendido hasta 31, 748 acres.

Se estableció un salario mínimo de L0.51 por hora; L4.08 por ocho horas al día o L1,224 ($612) por año en 50 semanas de 6 días. De tal suerte que los salarios pagados por la Tela Railroad Co.

continúan siendo los más elevados del país, si se tiene en cuenta que para los obreros de la industria manufacturera que devengan salarios bastante elevados, el promedio anual es de L911 en 1950 y de L985 en 1955.

POLÍTICOS

De acuerdo a Mario Posas, el resultado más importante de la huelga fue la nueva posición alcanzada por el proletariado hondureño que lo colocaba como una fuerza decisiva en los asuntos nacionales. Habían conquistado y legitimado de hecho el reconocimiento del derecho a organizarse, en forma totalmente independiente de los partidos políticos tradicionales, los que no captaron el sentido histórico del momento .

Discrepamos parcialmente de esta afirmación por cuanto el movimiento obrero no llegó a adquirir ni plena autonomía ni conciencia de clase en sí y para sí.

Una buena parte de su dirigencia y de sus bases continuó brindando sus lealtades y apoyos a los partidos políticos tradicionales, por una combinación de factores: comportamiento político tradicional, transmitido de una a otra generación, confusión ideológica, sentido del oportunismo, grado aceptable de satisfacción con las mejoras económicas obtenidas, persuasión ideológica por parte del Estado y de los medios de comunicación de masas. Esto no excluye que sí hubo sectores minoritarios más claros en cuanto al otorgamiento de su adherencia y su papel dentro de las luchas proletarias. Desafortunadamente, durante el período aquí analizado fueron incapaces de romper el monopolio obrero que llegó a constituir la llamada "burocracia sindical", ejercido con el abierto apoyo estatal, de la AFL-CIO y de la ORIT. Diez años después de 1954 ya eran abiertas las pugnas internas, por consideraciones ideológicas de tipo internacional entre estos grupos.

No obstante, las huelgas obreras de 1954 contribuyeron a que los tradicionales estilos de dominación política, excluyentes y elitistas, además de autoritarios entraran en crisis. Aparentemente este juicio pareciera no ser correcto, en vista de la ruptura del orden constitucional y el estilo represivo del Jefe de Estado Lozano Díaz (diciembre 1954-octubre 1956). Empero, a partir de 1944, esto es, diez años antes de los movimientos huelguísticos que conmovieron a

Honduras, con el derrocamiento de dos de los cuatro dictadores centroamericanos (Ubico en Guatemala, Hernández Martínez en El Salvador), se inició el principio del fin de las estructuras socio-políticas y de las formas de gobernar que se habían afirmado con el triunfo de las Reformas Liberales en el último cuarto del pasado siglo, proceso que resultó en el monopolio del poder por parte de oligarquías agro-exportadoras estrechamente vinculadas con el capital extranjero: inglés, alemán y, crecientemente, el estadounidense.

Fue en Honduras donde las inversiones norteamericanas en la agricultura de plantación y en la minería llegaron a ser más hegemónicas e influyentes que en cualquier otro país ístmico. De allí que, como vimos en el primer capítulo de esta obra, al ocurrir la Gran Depresión y sus secuelas de larga duración, el gobierno de Tiburcio Carías garantizó a las empresas fruteras que la agitación social traducida en huelgas y tendencias hacia la organización popular, no se repetirían más. Y fue mediante la imposición de la represión y la violencia, la delación y el exilio cuando no la cárcel y la muerte, como se instauró un orden y una paz engañosas, ya que no eran producto de un acuerdo colectivo ni tampoco de un pacto social.

La apertura iniciada por Juan Manuel Gálvez, real además de inteligente, sin embargo, no fue suficiente, en hondura y amplitud, para encarar las expectativas de cambio y modernización democratizadora que anhelaba el pueblo hondureño. De allí que, como lo han señalado varios autores, no fue sino hasta que los trabajadores se fueron masivamente al paro, al interior del enclave bananero, generando una corriente de apoyo a nivel nacional, que el Estado, y sólo entonces, profundizó las reformas jurídicas necesarias que legitimaron formalmente las aspiraciones de los sectores emergentes, urbanos y rurales.

Tal como dice Amaya Amador, las huelgas de mayo fueron un movimiento hacia adelante, hacia el progreso, hacia la creación de condiciones objetivas y subjetivas nuevas en la sociedad hondureña. Naturalmente, no puede considerarse una revolución de profundidad, pues las propias condiciones del movimiento pacífico no podían llevar, inmediatamente, a cambios radicales de estructuras, pero quedaban abiertas las vías para avanzar hacia una gradual profundización. Ese era el camino abierto en mayo por la clase obrera.

JURÍDICOS

El reconocimiento tácito del derecho de asociación sindical, así como la creación de varios sindicatos en las instalaciones de la Tela Railroad Company, abrirán una importante brecha para la expansión acelerada de la sindicalización en Honduras. Los sindicatos serán legalizados mediante la emisión de la Carta Constitutiva de Garantías de Trabajo, del 16 de febrero de 1955 y su funcionamiento cuidadosamente regulado por la Ley de Organizaciones Sindicales del 6 de junio de 1955. Desde el punto de vista jurídico, las consecuencias de la huelga se materializaron en la creación del Ministerio de Trabajo, Asistencia Social y Clase Media el 24 de diciembre de 1954, que será el organismo encargado de contribuir a la emisión de un conjunto de leyes sociales que tienen su punto culminante en la emisión del Código de Trabajo en 1959 .

En opinión de Amaya Amador, con anterioridad al movimiento huelguístico no se contemplaba la libertad de organización sindical obrera de acuerdo al estatuto vigente. El movimiento de mayo quebró, abolió esas condiciones reaccionarias obligando a las clases dominantes a crear nuevas formas jurídicas para enmarcar una situación de facto existente: la clase obrera como un elemento social independiente y con derecho propio. Las huelgas de mayo al estremecer a la clase patronal y a toda la nación pusieron en las manos del proletariado la iniciativa para organizar sus sindicatos, acto que antes era prohibido y constituía delito...

Los trabajadores conquistaron para todos los trabajadores hondureños el derecho a tener sindicatos para la defensa de sus intereses específicos. El movimiento liquidó esa situación y abrió campo libre a la organización sindical de las masas... Las Huelgas de Mayo hicieron que el régimen de facto atendiera el justo reclamo popular de otorgar los derechos políticos a las mujeres. Se les concedió el derecho de elegir y ser electas, lo cual constituyó un paso positivo en el desarrollo democrático del país...

Hemos visto que, desde sus inicios, la Administración Gálvez había emitido legislación laboral fragmentaria, que otorgaba derechos sociales; empero, su aplicación no se cumplía con carácter de obligatoriedad, particularmente en la región bananera, para el caso el pago doble por trabajo realizado en días feriados. Recordemos que fue precisamente la negativa de la Tela Railroad Co. a cumplir con esa ley la que provocó la chispa que desataría el paro colectivo de miles de asalariados. Fue necesaria una conmoción de esa magnitud para que se actualizara y ampliara nuestra jurisprudencia social.

MENTALES

El apoyo y simpatía que los movimientos huelguísticos encontraron entre distintas capas sociales, independientemente de sus preferencias políticas, se debió no sólo al reconocimiento que las peticiones elevadas a las empresas por parte de los obreros eran justas y necesarias, sino, además, a un sentimiento nacionalista frustrado generalizado entre los hondureños. En efecto, se percibía en la psique colectiva cómo las tierras más fértiles del país, precisamente ubicadas en la región costera del norte, habían pasado a manos foráneas, vía concesiones gubernamentales, en un breve período.

Precisamente en 1954 fue publicada la obra Miseria y despojo en Centroamérica por el compatriota José Jorge Callejas, en la que detalla los procedimientos y manipulaciones empleadas por las empresas bananeras mediante las cuales se fueron apoderando de las feraces llanuras aluviales, primero, para luego adueñarse del Ferrocarril Nacional y expandir sus inversiones hacia la banca y la industria.

La élite hondureña, a diferencia de sus homólogos centro-americanas, no fue capaz de crear una base productiva dinámica orientada hacia los mercados externos, de la cual pudiera derivar una sólida acumulación de capital que le permitiera echar las bases de un Estado fuerte, con suficiente capacidad de negociación ante la inversión extranjera.

Esa debilidad congénita fue hábilmente explotada por financieros, comerciantes, aventureros y especuladores extranjeros para incumplir contratas y otras obligaciones legales, fomentar las ambiciones políticas de caudillos regionales y nacionales, incitando y equipado a grupos armados para el asalto al poder o para desestabilizar a los gobernantes que no accedieran de manera incondicional a sus peticiones.

De allí que un sentimiento de frustración e impotencia fue generalizándose entre distintos sectores de la población, si bien se oyeron voces aisladas que condenaban la nueva dominación, los grupos dominantes hondureños se constituyeron en administradores y

164

garantes del nuevo orden, así como en intermediarios entre La Compañía (como llegó a conocerse la United Fruit Co.) y sus trabajadores. Eso quedó evidenciado durante el transcurso de las huelgas de 1954.

El que miles de hombres y mujeres se atrevieran a desafiar a las poderosas empresas multinacionales, en reclamo de sus derechos y en protesta de las violaciones a los mismos provocó la sorpresa primero y la solidaridad después de amplios sectores poblacionales, incluyendo a determinados miembros de la clase dominante. Hubo una toma de conciencia colectiva respecto a la urgencia de un nuevo trato entre patronos y obreros.

Honduras adquirió una deuda de gratitud con éstos, ya que fue gracias a su gesta que el resto del proletariado nacional empezó a tener la posibilidad de ejercer derechos que habían significado enormes esfuerzos, grandes y pequeños, muchos de ellos ahora ignorados, cárcel, exilio, despido. Como nos recuerda Amaya Amador, si examinamos el hecho fundamental provocado por las huelgas de mayo en relación al despertar de la clase, a su influjo en otras clases y capas sociales y a su tendencia de empujar hacia adelante con la acción revolucionaria, encontramos entonces que ese movimiento es típico por sus aciertos al crear un nuevo espíritu de lucha en las clases trabajadoras .

Los hondureños todos se reencontraron consigo mismos, al percatarse de un nuevo sentido de lo posible, si se actuaba de manera cohesionada y firme. Extranjeros en su propio suelo, adquirieron una dosis de identidad colectiva, de nación. Examinando la prensa de entonces, se observa que varios articulistas captaban la trascendencia de lo que estaba ocurriendo ante sus ojos. Así, un editorial de El Chilío del 9 de junio de 1954, veía la huelga "como un gran paso por nuestro pueblo para romper el dominio económico político de los monopolios extranjeros".

Un Vocero del estudiantado universitario en artículo intitulado "El despertar de un pueblo", afirmaba:

"Estamos en presencia de un acontecimiento que habrá de destacarse con caracteres relevantes en la conciencia nacional... Se están estructurando y fijando para el devenir, las incontrastables conquistas del patriotismo y la hondureñidad. Porque la lucha de los obreros y campesinos bananeros tiende a poner un aguijón más en la honrosa como meritoria batalla de nuestra nacionalidad" (El Universitario, 6ª época, número 35, 8 de junio de 1954).

El elemento hondureñista, nacional fue una fuerza anímica presente a lo largo de la evolución de los conflictos laborales y en la etapa posterior. El sentimiento de admiración y orgullo hacia quienes se habían atrevido a reclamar lo que consideraban justo y que, parcialmente, estaba ya reconocido por el Estado y legislado, penetró en la conciencia de miles de ciudadanos, que veían en aquellos campeños, muelleros, ferrocarrileros, a sus compatriotas del norte, desafiando pacíficamente al poder económico y político de las corporaciones extranjeras. En suma, las huelgas transcurridas en esos sesenta y nueva días capturaron la imaginación y entusiasmo de los que vivían en esta nación en búsqueda de su perfil e identidad como pueblo.

Ese sentimiento nacionalista no desembocó ni en chauvimismo ni en xenofobia. Se evitó caer en esas deformaciones que hubieran presentado excusa para una acción que no podía descartarse: una intervención de la flota norteamericana so pretexto de defender a sus ciudadanos, sus bienes y propiedades. Ni aquellos ni éstos fueron perjudicados o dañados. Este ejemplar comportamiento de los huelguistas fue paladinamente reconocido por el Gerente General de la Standard Fruit, Bertie R. Hogge, quien, en entrevista realizada por el periodista Joaquín Mendoza Banegas declaró:

"Nada tengo que resentir de los trabajadores; no hemos recibido de ellos ofensas ni agresiones; los admiro por su compostura de ordenamiento y de respeto".

(La huelga de la Costa Norte. Alocución radial por Joaquín Mendoza Banegas. 3 de junio de 1954. Reproducida en Gráfico en su hoja sabatina. Junio de 1954).

Lo que el pueblo hondureño percibía era la forma en que los recursos humanos y naturales del país eran objeto de una abierta y sostenida explotación, que la riqueza acumulada a lo largo de los años se fugaba para beneficiar, fundamentalmente, a los accionistas ausentistas de poderosas empresas con sede en Boston y New Orleans. Nuestro país apartaba la fuerza de trabajo de miles de sus hijos, los suelos más generosos de su entraña, las aguas caudalosas de sus ríos a cambio de salarios e impuestos modestos pagados por las fruteras a los obreros y al Estado, en una relación desigual.

La Nación pedía, solidaria con sus trabajadores, un trato equitativo, justo y digno por parte de las transnacionales y una actitud firme y nacionalista por parte de las autoridades hondureñas. Nada más, nada menos.

CAPÍTULO XV: LA FORMACIÓN DE SINDICATOS Y PRIMEROS INTENTOS FEDERATIVOS

Al llegarse a un arreglo que concluyó la huelga decretada por los trabajadores de la Tela Railroad Co., quedaron puntos pendientes de resolución, siendo uno de ellos el pago de tiempo y salario extra a los ferrocarrileros, quienes presionaban a la dirigencia para que produjera un arreglo. Fue así que, a mediados de septiembre de 1954, Raúl Edgardo Estrada en su condición de Secretario General del Sindicato de Trabajadores de la Tela Railroad Co. (SITRATERCO) solicitó al Gobierno que nombrara una comisión para reunirse con representantes de la empresa frutera y los trabajadores, a fin de intentar resolver los nueve puntos pendientes (Despacho Número 213, 10 de noviembre de 1954).

Estrada le comunicó a la Tela que el gobierno le había manifestado que las pláticas se iniciarían sin su representante, a lo que la bananera contestó que el arreglo alcanzado en julio establecía que las discusiones debían llevarse a cabo en presencia de un representante gubernamental, por lo que trataría que el Gobierno procediera a nombrarlo. Así, para finales de septiembre no se había llegado a un arreglo de los nueve puntos pendientes .

Además, en el seno del sindicato había descontento con la dirigencia, por considerarla inefectiva. Ante esto la directiva del SITRATERCO reorganizó la seccional de Tela controlada por los disidentes, especulándose que también se reorganizarían las de El Progreso y Puerto Cortés .

Para mediados de noviembre, la Tela Railroad empezó a despedir empleados y para finales de ese mes se calculaba que habían quedado cesantes 3,500 trabajadores. La empresa comunicó al Sindicato que no podía aceptar una limitación en el número de despedidos ni tampoco retener aquellos que pertenecieran al Sindicato o que tuvieran familiares en aquellas plantaciones que debían ser abandonadas.

El SITRATERCO había solicitado que aquellos afiliados al mismo y aquellos con familia fueran protegidos del despido. La empresa respondió que había diseñado un plan para que aquellos despedidos se establecieran en tierras propiedad de la empresa en tanto que otros serían ubicados en proyectos carreteros del Gobierno.

Se ha hecho alusión al descontento que prevalecía entre las base desde que se conocieron los acuerdos alcanzados para dar po concluida la huelga; las medidas adoptadas por la empresa reduciendo el número de asalariados, añadió nuevas razones para e malestar generalizado. Adicionalmente, las maniobras de la cúpula directriz del SITRATERCO, desde la instalación misma del Prime Congreso, empezaban a ser cuestionadas.

Se había convenido que para la elaboración de los Estatutos de SITRATERCO se presentarían cinco proyectos, cada secto presentando el suyo. En los hechos no sucedió esto ya que, de manera unilateral, se adoptó una sola versión, la cual incluía el artículo 24 inciso e, el cual facultaba al Comité Ejecutivo para crear o suprimi seccionales o sub-seccionales, con lo que ese órgano podía disolver a quienes lo criticaran. El documento omitía la palabra huelga como instrumento para realizar mejoras.

En el puerto de Tela se había firmado un documento tendiente a la firma de un "pacto de unión definitivo" con el Comité Seccional Sindical de esa localidad. Se proponía, además, que cada seccional enviara un delegado por cada sector, "para que se llegue conjuntamente a la unidad de todos los trabajadores de la Tela Railroad Co".

El Secretario General rechazó este encuentro y se apersonó en la Embajada norteamericana donde manifestó que era necesario el inmediato reconocimiento, por parte del Gobierno, y de la Tela Railroad, del Comité Central Sindical.

Se reportaba por parte del Vice-Cónsul norteamericano en San Pedro Sula que el grupo que adversaba a Estrada en Tela estaba formado por Francisco Ríos, Gabriel David, Teresina Rossi; manifestaba su temor, no a los campeños, quienes lo acuerpaban, sino a los muelleros de Tela y Puerto Cortés lo mismo que a los trabajadores de El Progreso .

Como puede observarse, el sindicalismo nacía dividido, lo que se manifestó en la formación de varios sindicatos, donde se agrupan los trabajadores de la compañía bananera: el más grande de ellos, el Sindicato de Trabajadores de la Tela Railroad Company, dirigido por Estrada; el Sindicato de Trabajadores Portuarios de la Tela Railroad Company, de Puerto Cortés, que agrupaba la mayor parte de los trabajadores del muelle de Puerto Cortés; el Sindicato Autónomo de

Mecánicos de La Lima y el Sindicato Autónomo de Trabajadores de la Tela Railroad Company .

El auge cobrado por las iniciativas sindicales entre los trabajadores del enclave bananero y las nuevas condiciones creadas a partir de la gran huelga de 1954, contribuyeron de manera decisiva al surgimiento de otros sindicatos en las distintas fábricas y empresas industriales del país. Surgió el Sindicato de la Fábrica de Manteca y Jabón Atlántida, el Sindicato Nacional de Suela y Zapatos de la Fábrica Naco, ubicada en La Ceiba, el Sindicato de Sastres "Patria, Unión, Libertad". Un año después, cuando la recién aprobada legislación laboral obliga a la inscripción legal de los sindicatos, un total de 15 sindicatos cumplirá con ese requisito.

Para noviembre de 1954, Willauer reportaba que los ejecutivos Aycock y Taillon, luego de regresar de la reunión regional de la United Fruit Company en Panamá, lo visitaron en la Embajada y le indicaron que intentarían apoyar a Estrada mediante la táctica de presentar un cuadro más sombrío de los despidos masivos que eventualmente ocurrirían, con el propósito de dar crédito a Estrada por una solución final más favorable a los trabajadores.

El día nueve de ese mes, el Ministro de Fomento y Trabajo, Julio Lozano h., informaba a la Tela Railroad que no era el momento oportuno para las discusiones con sus obreros y que las mismas se habían pospuesto indefinidamente.

Para el día 17, el SITRATERCO no había podido lograr que la empresa se sentara con sus delegados para discutir los puntos pendientes al momento de firmar el acuerdo, esto es, el 9 de julio. Quedaban seis puntos del pliego de peticiones aún pendientes y tres más no completamente reconciliados bajo las estipulaciones del acuerdo. El pago de horas extras a los ferrocarrileros parecía ser el asunto más urgente por resolver.

El Vice-Presidente de la Standard Fruit Company a cargo de Operaciones en el Exterior brindó información a la Embajada sobre miembros del Sindicato de esa empresa. Afirmaba que Víctor Artiles, Mariano García y Anahel Hernández Suazo eran miembros del PDRH. La Standard había logrado solucionar la huelga de sus trabajadores en tres semanas, no sufrió inundaciones y no había tenido que despedir trabajadores; además, no contaba con oposición del tipo de la que confrontaba la Tela Railroad con respecto a Francisco Ríos y su grupo (Coerr al Departamento de Estado, 26 de noviembre 1954).

En los últimos días de diciembre se informaba que Ríos había sido apresado y trasladado de Tela a La Ceiba, donde estaba encarcelado, por órdenes personales de Julio Lozano, quien intentaba deportarlo junto a otros comunistas, a El Salvador, pese a ser ciudadano hondureño, con el consentimiento del Embajador de El Salvador en Honduras, Rubio Melhado.

A medida que el gobierno de facto de Lozano Díaz pretendía perpetuarse en el poder mediante la celebración de elecciones, las actitudes represivas se intensificaban. Fue así que el 20 de febrero de 1955 fueron arrestados los siguientes dirigentes del SITRATERCO: Estrada, Cubas Gross, Panchamé, Rufino Sosa Murillo y Céleo González, luego de haber abandonado las oficinas del Ministerio de Trabajo, donde se habían reunido para discutir las demandas obreras respecto a denuncias contra la Tela Railroad. El mismo día habían sido arrestados en La Ceiba, Medardo Agurcia, Efraín Irías y Héctor Romero; a los primeros se les acusaba de haber violado la prohibición contra actividad política por parte de los sindicatos, contemplada en la Carta de Garantías de Trabajo.

El Jefe de Estado se había enterado que habían estado reunidos con Francisco Milla Bermúdez y Ramón Villeda Morales durante el fin de semana. El 25 de ese mes eran liberados los obreros de la Standard y el 27 los de la Tela Railroad.

El 31 de mayo quedaba legalmente inscrito el sindicato que agrupaba a los trabajadores de la otra gran compañía bananera, la Standard Fruit Co. (SITRASFRUCO), con sede en la ciudad de La Ceiba... Con la formación del SITRASFRUCO, todos los trabajadores del enclave bananero quedaron organizados sindicalmente y pasaron a convertirse en la fuerza más importante del movimiento sindical (Víctor Meza).

El 20 de junio, el SITRATERCO presentó pliego de peticiones contentivo de 82 puntos con el fin de negociar el contrato colectivo entrante que reemplazaría al que finalizaría el 9 de julio. Las demandas incluían un aumento en el salario mínimo, de L4,08 a L4,48, 60% de aumento para tiempo extra diurno y 75% para horas extras nocturnas; semana laboral de 44 horas con pago equivalente a 48 horas, demandas médicas, cuidado hospitalario, vacaciones y prestaciones. Se le concedían 20 días a la empresa para que respondiera.

El 26 Lozano se reunía con ejecutivos de la Tela, aparentemente decidido a mostrarse duro con el obrerismo, dándole instrucciones a la Pan American Airways para negarle transporte hacia Honduras a Arturo Jáuregui; envió 220 soldados a la Costa Norte y arrestó al dirigente del Sitraterco, Rufino Sosa, quien estaba en Tegucigalpa.

El representante de la Tela Railroad en Tegucigalpa comunicó que la empresa informó a Lozano que estaba planeando invertir 300 millones de lempiras en Honduras en los tres próximos años, toda vez que hubiera condiciones para invertir. Estaba preparada para irse de Honduras de ocurrir otra gran huelga.

El 5 de julio se iniciaron las negociaciones sobre el contrato colectivo entre la Tela y el SITRATERCO, habiendo concluido, firmándose por tres años con la intervención del Ministro de Trabajo, Mariano Guevara. El contrato mantenía los salarios en aproximadamente su nivel presente y otorgaba a los trabajadores algunos pequeños beneficios colaterales.

Por su parte la Standard Fruit y el SITRASFRUCO firmaban, el 7 de agosto, un contrato colectivo con una duración de treinta meses, que incluía: salario diario de ocho horas, pagado por hora, para alcanzar L3,84 diarios, más modestos incrementos para los trabajadores pagados por hora o por mes; un incremento de 11.3% por trabajo por contrato; un incremento promedio de 16% en salarios de trabajadores diurnos y un nuevo salario mínimo de L2,84 para este grupo; reconocimiento del Sindicato como el único representante de los trabajadores; semana de 48 horas laborables (42 horas para trabajo nocturno); 50% de pago por trabajo extra; pago doble por trabajo realizado en vacaciones; vacaciones pagadas por todos los trabajadores; tratamiento médico en el hospital de la Compañía y 3% de deducción salarial por la prestación de ese servicio y tarifa especial para los familiares atendidos; 50% de pago por enfermedad hasta 30 ó 60 días dependiendo de la antigüedad en el puesto; continuación de un comité paritario de representantes de los trabajadores y de la empresa; vivienda gratis para trabajadores retirados de centros urbanos; pagos en dinero para cubrir los alimentos de trabajadores que están empleados lejos de centros de trabajo de la Compañía. Excepto por los incrementos salariales, reconocimiento más positivo del sindicato y la maquinaria de quejas, el acuerdo de la Standard Fruit en su mayor parte contiene las mismas estipulaciones que el acuerdo de la Tela concluido el 14 de julio (Coerr al Departamento de Estado, Despacho número 101, 12 de agosto de 1955).

Para el 30 de julio se encontraban registrados en el Ministerio del Trabajo los siguientes sindicatos: Unión Nacional de Transportes Terrestres, Asociación de Motoristas Profesionales de Tegucigalpa, Sociedad Nacional de Marinos de Honduras, Sindicato de Trabajadores de Teatros, Sindicato de Trabajadores de Casas Comerciales y Afines, Sindicato de Trabajadores Automotrices y Conexos, Sindicato de Trabajadores de Oficinas y Dependencias de Empresas Aéreas, Sindicato de Trabajadores de la Cervecería Tegucigalpa, S.A., Sindicato de Trabajadores de Hoteles y Similares, Sindicato de Trabajadores de la Standard Fruit Co., Sindicato de Trabajadores Mecánicos de Aviación, Sindicato de Trabajadores de Aplanchadurías y Lavanderías, Sindicato de Trabajadores Portuarios de la Tela Railroad Co., en Puerto Cortés, Sindicato de Trabajadores de la Construcción, Sindicato Autónomo de Mecánicos de La Lima .

Tanto los mecánicos de la Tela Railroad Co., en La Lima, como los muelleros de Puerto Cortés, habían formado sus propios sindicatos enteramente independientes del SITRATERCO; estos últimos se habían constituido en el Sindicato de Trabajadores Portuarios, el que había sido reconocido legalmente por el Gobierno no así por el SITRATERCO. El Sindicato Autónomo de Mecánicos emitió un pronunciamiento en el que descartaba recurrir a la huelga como medio para resolver sus problemas. En Tegucigalpa, Santos Reyes Ayestas había formado el Sindicato de Transporte Urbano .

Durante 1955 el Estado continuó emitiendo legislación de carácter laboral. En febrero se decretaba la Carta Constitutiva de Garantías de Trabajo; un mes antes se había reglamentado la inscripción de organizaciones de empleadores y trabajadores; en marzo se sancionó la Ley sobre mediación, conciliación y arbitraje; el país se adhirió a la Organización Internacional del Trabajo en mayo mientras que treinta días después se publicaba la Ley de Organizaciones Sindicales, que estipulaba requisitos mínimos para los respectivos estatutos, el funcionamiento de asambleas generales, las circunstancias bajo las que se podían formar federaciones nacionales y organizaciones internacionales. Esta legislación merecía este comentario de la representación diplomática estadounidense en Honduras:

"Principalmente el producto de funcionarios del Ministerio de ibi2 Trabajo, y reflejando algunos de los puntos de vista de la United Fruit

Company, esta ley representa un compromiso entre las normas internacionales de la OIT y requerimientos locales tal como son percibidos por el Gobierno. Refleja el deseo gubernamental de Controlar y supervisar estrechamente el movimiento laboral hondureño y el mantener su desarrollo dentro de los límites que considera seguros" (Despacho Número 567, 10 de junio de 1955).

En febrero de 1956 Raúl Edgardo Estrada lanzó un comunicado, en su condición de Presidente del SITRATERCO, en que acusaba a la Tela Railroad de violar el acuerdo del 14 de julio de 1955. El Sindicato había presentado sus demandas el 23, 24 y 25 de enero bajo el entendido de que la empresa daría su respuesta el 10 de febrero. Ese día la empresa reveló la mala situación económica de la misma, sosteniendo que no había violado el acuerdo. Al no llegarse a ningún arreglo, se decidió suspender la reunión y llevar el caso a la mediación o a las autoridades judiciales.

Se realizaron dos asambleas generales, una con delegados de Tela, Bataan y El Progreso y la otra con los de La Lima y Puerto Cortés a fin de explicar la situación y discutir la toma de decisiones. La dirigencia fue llamada a Tegucigalpa por el Ministro de Trabajo .

Desde México, Vicente Lombardo Toledano enviaba en febrero, otra carta al Jefe de Estado pidiéndole la libertad de Ríos, Rivera, Rubén Rodríguez, Parker, Samuel Aguilera, Santos Velásquez, Rodolfo López Castillo, Guadalupe Reyes, Aguilar Martínez, todos líderes activos de sindicatos capitalinos.

Dirigentes del SITRATERCO, entre ellos Raúl Edgardo Estrada, Roberto Panchamé, Céleo González, Rufino Sosa y José Cubas Gross así como Medardo Agurcia, Efraín Irías y Héctor TIODA Romero del SITRASFRUCO fueron arrestados.

El 30 de marzo se creó el Sindicato de Trabajadores del Ferrocarril Nacional de Honduras.

Nuevamente se hizo presente en Honduras, a partir del 18 de abril, Serafino Romualdi. Se reunió con dirigentes sindicales de Tegucigalpa y reportando la conversación con ellos sostenida manifestaba el profundo resentimiento de los miembros sindicales en contra de la política obrera del Gobierno, "y en particular de las tácticas empleadas por el Ministro del Trabajo, Profesor Mariano Guevara, al ordenar la prisión de los líderes que, por una u otra razón, no estaban políticamente con él".

Dos días después viajó a la Costa Norte, entrevistándose con Estrada, quien había recuperado su libertad, informando al respecto:

"Llegué a la conclusión de que la prisión de todos los dirigentes sindicales se debió principalmente a represalias políticas por parte del gobierno. Es evidente que el Gobierno esperaba algo en pago de los 'favores' que hizo al sindicato anteriormente, e incluso los favores que hizo a algunos de sus líderes. Se me informó que a Estrada y a otros líderes obreros se les habían ofrecido candidaturas en las planillas que cuentan con el apoyo gubernamental en las elecciones que se verificarán en el otoño próximo para elegir a los miembros de la Constituyente. Estrada y sus amigos rechazaron tal oferta, en parte porque se les conoce como simpatizadores (sic) del partido Liberal y en parte, porque están realmente interesados en conservar al sindicato fuera de la política partidista".

Luego de las pláticas sostenidas con la dirigencia de SITRATERCO y SITRASFCO había concluido que a tarea de más urgencia es la de restablecer relaciones normales con el Gobierno.

En Tegucigalpa, de acuerdo a Romualdi, solamente Adolfo Zavala "ha seguido adelante con la lucha por los sindicatos libres" (Reporte de Serafino Romualdi sobre la situación de Honduras, 13 de junio de 1956). El 11 de abril había concluido la huelga de los trabajadores de la Standard Fruit, en que las demandas obreras se redujeron al despido del Director de Relaciones Laborales y cinco supervisores, así como la promesa de la empresa de no tomar represalias...la Compañía perdió 600,000 racimos debido a la huelga. El 18 de junio renunciaba Raúl Edgardo Estrada a la Presidencia del SITRATERCO. De acuerdo a la versión de la Embajada norteamericana (Pool al Departamento de Estado, Despacho, Número 523, 22 de junio 1956):

"Parece ser que deseaba que el Sindicato se adhiriera a una huelga fallida promovida por el Partido Liberal y por Carías, que no tuvo éxito. Los otros directivos del Sindicato no estaban de acuerdo.

La renuncia de Estrada era vista por los diplomáticos estadounidenses como demasiado sorprendente en vista de sus dificultades con los otros miembros de la directiva del Sindicato. Se reporta que una reunión general de los delegados está programada para este fin de semana para elegir su sustituto… José Cubas Gross y Roberto Panchamé son los lógicos contendientes para el puesto de Estrada, pero su fuerza relativa es desconocida. En conversación reciente Cubas Gross indicó que el SITRATERCO no está demasiado preocupado acerca de posibles incursiones en su membresía por parte del nuevo sindicato autónomo recientemente reconocido por el Gobierno hondureño y que el SITRATERCO no estaba preparado para colaborar con el nuevo grupo a menos que se le dieran suficientes puestos en una directiva combinada para representar la fuerza del SITRATERCO en oposición a otros sindicatos más pequeños... Los trabajadores, son, más o menos, sólidamente Liberales, por supuesto, e instintivamente nos clasifican como enemigos del Partido Liberal y por tanto del sindicato (*).

(*). Peake al Departamento de Estado, Comentarios políticos sobre la Costa Norte, despacho número 21, 22 de junio de 1936).

Apenas tres años después de 1954, se dieron los primeros pasos para volver a constituir una federación sindical. Fue así que en febrero de 1957 se reunieron en Tela los representantes de cinco importantes sindicatos de la Costa Norte del país: SITRATERCO, Sindicato de Portuarios de la Tela Railroad Co., Sindicato de Trabajadores de la Fábrica de Manteca y Jabón Atlántida y el Sindicato de Trabajadores de la Fábrica Nacional de Suelas y Zapatos Naco. Como consecuencia de esta reunión fue emitida la Declaración de Tela, en la cual los delegados de los cinco sindicatos mencionados proclamaban la necesidad de proceder a constituir una Federación Regional de Trabajadores Norteños... La Declaración de Tela fue firmada por los representantes de los cinco sindicatos y hecha pública el día 17 de febrero de 1957. Para poner en práctica lo expresado en esta Declaración y organizar definitivamente la Federación, los representantes se reunieron nuevamente en el mismo lugar los días 28 y 29 de abril.

Sin embargo, en esta ocasión hubo dos grandes ausentes: el SITRASFRUCO y el Sindicato de Portuarios de la Tela Railroad Co. Por discrepancias con los asesores de la ORIT, estos sindicatos se mantuvieron independientes y no pasaron a constituir la nueva Federación. Esta fue entonces fundada por cuatro sindicatos, tres de los anteriores firmantes de la Declaración de Tela y uno nuevo, invitado a participar: el Sindicato de Operarios Sastres Patria, Unión, Trabajo. La Federación ya no se denominó "regional" ni se limitó a los trabajadores "norteños", tal como rezaba la Declaración de Tela firmada un mes atrás, sino que pasó a denominarse Federación Sindical de Trabajadores Nacionales de Honduras (FESITRANH). Al mismo tiempo, en la zona central, los dirigentes sindicales se esforzaban por constituir también una Federación que los agrupara a todos.

En esta región, el Comité de Unidad Sindical (CUS) había desempeñado una fructífera labor de organización sindical aprovechando las nuevas condiciones creadas a partir de la Huelga de mayo. Había logrado organizar el Sindicato de la Construcción, el de los zapateros, el de las fábricas de camisas, el de los sastres, etc. Por iniciativa del CUS y algunos dirigentes independientes, fue convocada una reunión sindical para el día 22 de febrero de 1958, la que tuvo lugar en el Paraninfo de la Universidad Nacional. Su fruto principal fue la creación de la Federación de Sindicatos del Centro: organización de corta vida que muy pronto habría de desaparecer sumida en profundas divergencias auspiciadas en más de una ocasión por las propias autoridades del Ministerio de Trabajo. Esta Federación logró agrupar a los sindicatos controlados por el CUS y otros de tendencia independiente: Sindicato de Paleteros, Sindicato de Casas Comerciales, Sindicato de Trabajadores de Teatros, etc.

La legislación laboral continuó siendo emitida y en 1956 se decretó la Ley de Contratación Individual de Trabajo y se declaró Día del Trabajo el primero de mayo. Un años después se emitió la Ley de Contratación Colectiva y la Ley Orgánica de la Dirección General de Trabajo. En 1958 se fijaba la jornada de trabajo. Toda esta legislación iba a ser compendiada con la emisión del Código del Trabajo en 1959. Hemos visto que era ésta una aspiración del obrerismo desde hacía muchos años.

Entre algunos sectores empresariales se suscitó una reacción adversa a su promulgación, pero aparentemente más por consideraciones políticas que estrictamente económicas. Así, el segundo Secretario de la Embajada norteamericana en Honduras, Morris Kaufman, reportaba que luego de visitar la Costa Norte, del 9 al 12 de junio de 1959, había quedado con la impresión "definitiva" de que, excepto por las compañías fruteras, la comunidad comercial e industrial en San Pedro Sula no sería materialmente afectada por la nueva legislación, luego de un período de ajuste.

"Esta conclusión está basada en conversaciones privadas con la Hemos mayoría de los líderes del sector privado en San Pedro Sula con re referentes a planes individuales, adoptados o en proceso de laboral adaptación dirigidos a vivir con el Código... Muchos hombres de negocios e industriales admitieron privadamente que los costos laborales representan una pequeña parte de los costos de producción en sus empresas individuales.

Como ejemplo de esa afirmación citaba lo manifestado por el Presidente de Cementos de Honduras (empresa en que la Standard Fruit Co., poseía entre 25 a 30% de capital), Yude Canahuati, relativo a que los costos laborales representaban una parte muy menor de la estructura de costos; en términos similares se había manifestado el propietario de la Fábrica de Camisas Bolívar, Elías Kattan, quien, al decir del diplomático, no había expresado ninguna verdadera preocupación acerca de los probables efectos de la emisión del Código de Trabajo en sus costos de producción.

La Standard Fruit Co., a través de su gerente, sí consideraba que los costos laborales aumentarían en alrededor del 18%. Empero, los líderes comerciales de La Ceiba afirmaron que el Código no era un factor importante en sus operaciones.

CAPÍTULO XVI: EL PAPEL DE LA ORIT CON O POSTERIORIDAD A LAS HUELGAS 1954

Hemos visto que la preocupación del Gobierno norteamericano con respecto a la influencia y posible control del movimiento laboral hondureño por parte de sectores de izquierda antecedía a las huelgas ocurridas en 1954.

Pero fuel a partir de su finalización que se incrementó y alcanzó mayores niveles de coordinación la actividad de dependencias gubernamentales norteamericanas con la AFL-CIO y la ORIT (fundada en 1951) entre el obrerismo hondureño con el propósito de contrarrestar el grado de influencia ejercido por los comunistas nacionales, particularmente entre los asalariados agrícolas de las plantaciones bananeras.

Fue así que en agosto la ORIT empezó a adquirir una mayor presencia y beligerancia. De acuerdo a Meza, los dirigentes del Comité Central Sindical (que era el mismo Comité Central de Huelga, controlado por Estrada), habían cursado invitación a los representantes de la ORIT para que enviasen a Honduras una delegación de expertos que pudiera ayudarles en la organización de nuevos sindicatos.

De esta manera, la participación de la ORIT en la consolidación legal del movimiento sindical del enclave bananero se remonta a los inicios mismos de ese proceso y marca de manera muy importante el posterior desarrollo del sindicalismo en el país (Meza, Víctor. Historia del movimiento obrero hondureño. Tegucigalpa, Guaymuras).

Pero no fue solamente en la región norte del país donde se compitió por la lealtad y apoyo del emergente movimiento obrero hondureño; también la zona central contempló la presencia y actividades de los agentes oriteros. En el referido mes agostino ayudó a organizar ocho pequeños sindicatos en Tegucigalpa: empleados de hoteles, bancos, aviación civil, sastrerías, comunicaciones (2) e imprentas y logró la afiliación, con la ORIT, de otros tres: choferes y trabajadores textiles en Tegucigalpa y el Sindicato de Trabajadores Industriales en La Ceiba.

Además, se impartieron varias conferencias de prensa en la ciudad capital, se ofrecieron cinco becas de entrenamiento para líderes laborales hondureños en Monterrey, se gestionó con autoridades norte- americanas en Puerto Rico el otorgamiento de becas de entrenamiento laboral en esa isla y se celebraron conferencia preliminares con líderes gubernamentales, educacionales y cívico respecto a un proyectado seminario educacional sobre temas laborale bajo el patrocinio conjunto de la ORIT, International Labo Organization y la Universidad de Honduras.

Honduras volvió a incorporarse a la OIT, a la que se había afiliado inicialmente en 1919 para retirarse posteriormente, de modo que para finales de 1954 solamente quedaba, en América, Paraguay y Nicaragua sin estar adheridas a la misma .

La impresión de Serafino Romualdi, luego de su visita a la Costa Norte durante los tres primeros días de agosto, era que el 6100 desarrollo visible en la situación laboral en esa región lo constituía e hecho que los comunistas estaban haciendo una fuerte y efectiva campaña por capturar la naciente organización de los sindicato: bananeros. Recomendó que en cualquier código de trabajo que se aprobara debía incluirse un artículo relativo al derecho del gobierno a negar personería jurídica a cualquier organización laboral comunista o controlada por los comunistas.

Romualdi admitía que esta propuesta era inconsistente con e. principio de libertad obrera de organizarse como se creyera conveniente, pero insistió que tal limitación era necesaria en Honduras. Tanto Romualdi como Jáuregui informaban que el Comité Central Sindical estaba siendo debilitado en sus esfuerzos por luchar contra los comunistas por la necesidad concurrente de luchar contra Manuel de J. Valencia, quien aparentemente tenía ambiciones personales y deseaba formar su propio sindicato.

"No solamente Romualdi y Jáuregui, sino también Arellano a Bonilla (ex asesor del Comité Central de Huelga), han informado a la Embajada que es ampliamente sabido que Valencia ha sido "comprado" por el candidato presidencial nacionalista, Carías.

La Corte Suprema de Justicia, controlada por Carías, puso en libertad a los dirigentes del primer Comité Central de Huelga, quienes guardaban prisión en Tegucigalpa".

Mientras estos acontecimientos ocurrían, con su dosis de maniobra y manipulación, entre las bases obreras de la Costa Norte prevalecían sentimientos de frustración por lo magro de las conquistas económicas logradas. Esto era aceptado por la propia dirigencia que había negociado el fin del movimiento huelguístico. Uno de sus más destacados integrantes declaraba:

182

"Es cierto que en los trabajadores hay gran descontento. Y tienen Inova sobrada razón. Yo mismo, como dirigente del Comité Central Sindical, signatario de dicho convenio, no estoy satisfecho por las ventajas conquistadas después de tantos sufrimientos. Si firmé, fue por patriotismo, porque la situación entre las familias de los trabajadores ya era insostenible, y finalmente, porque la economía nacional estaba sufriendo su más duro golpe de los últimos tiempos" (Citado por Mario Posas).

De allí que no resultaba sorprendente el tortuguismo mostrado por los trabajadores en el desempeño de sus labores, con posterioridad a la conclusión del conflicto, el más prolongado en la historia hondureña. Se informaba que la justificación obrera para adoptar este curso de acción era que ellos habían ido a la huelga luchando por un aumento del 50% en incrementos salariales pero solamente habían recibido 20% y por tanto estaban tomando el restante 30% de la Tela Railroad, lo que aumentaba los costos de trabajo. Un funcionario de la Embajada norteamericana reportaba en estos términos:

"Uno de los trabajos necesarios es hacer que los trabajadores estén satisfechos con el arreglo de la huelga...pocos sindicatos obtienen reconocimiento y un aumento del 20% en su primera huelga. Estrada y Malavé afirmaron que habían cambiado su plan original que el Congreso estuviera compuesto de cinco delegados por cada una de las cinco seccionales ya que ha capturado al menos 15 de los 25 por lo que lanzaron un llamado a todas las sub-seccionales (fincas y departamentos). El PDRH contraatacó informando falsamente que el Congreso sería una semana después. Unos 107 delegados se presentaron de un probable total de 200. El PDRH, con algunas pocas excepciones, boicoteó la reunión" (Coerr al Departamento de Estado, Despacho, Número 98, 7 de septiembre).

La confrontación de fuerzas, y la forja de alianzas se aceleraban a medida que se aproximaba la celebración del Primer Congreso de Trabajadores de la Tela Railroad, fijada para llevarse a cabo a finales de agosto. Tanto los sectores que habían organizado y sostenido las primeras etapas de la huelga así como aquellos que la habían continuado y la condujeron a su desenlace final, procuraban que la membresía inclinara sus simpatías a su favor.

Desde San Pedro Sula se reportaba el 11 de agosto, al comparar a Ríos y Estrada en su disputa por el liderazgo en el Distrito de Tela, que la fortaleza del primero descansaba en el hecho de que puede señalar con orgullo el hecho que estaba dirigiendo la huelga desde sus primeros días y no tuvo parte en la firma del acuerdo final, que es ahora aparentemente satisfactorio para pocos, mientras que Estrada emergió hacia la última parte de las negociaciones, adoptando lo que es referido como una posición de compromiso en detrimento de los huelguistas.

El mismo funcionario no descartaba la posibilidad de una nueva huelga entre los trabajadores de la United Fruit Company, aunque esta vez solamente por parte de los ferrocarrileros, si bien los muelleros, aplicando tácticas de tortuguismo, laboraban en un 35% por debajo de las cifras anteriores a la huelga. De reactivarse ésta, el gobierno podría usarla como medio para cancelar la celebración de elecciones en octubre, lo cual podría hacer que los cariístas intentaron un golpe para llevar nuevamente a Carías a la Presidencia (Peake al Departamento de Estado, Despacho Número 5, 11 de agosto de 1954).

"La preocupación de la Embajada norteamericana por la posibilidad de que la izquierda hondureña lograra controlar los organismos de dirección del inminente Congreso obrero, movía a Willauer a sugerir a sus superiores en Washington que el evento fuera cubierto por un servicio de noticias y películas de los Estados Unidos, identificándolo y condenándolo si los comunistas son victoriosos, exaltándolo como victoria anti-comunista si el PDRH es derrotado. El reportero que cubra el evento debe llegar a Tegucigalpa el 27 para consultas con la Embajada": William a Holland, Telegrama Número 48, 24 de 1954.

El Secretario de Estado le informaba a la Embajada en Tegucigalpa que tanto el New York Times como Time pensaban enviar corresponsales y la USIA había hecho arreglos para que Bernard Dresner del News of the Day llegara a Honduras para cubrir el evento.

El 28 de agosto se organizó el Sindicato de Trabajadores de la Tela Railroad Company (SITRATERCO), recibiendo personería jurídica el 18 de agosto de 1955 al ser inscrito en el Ministerio del Trabajo. El 24 de julio se había formado el Sindicato Autónomo de Trabajadores de la Tela Railroad Co., en El Progreso, afirmando contar con 116 miembros entre ingenieros, trabajadores de salud y construcción; sus promotores eran Gabriel David y Julio C. Rivera, los que fueron arrestados.

Entre el 28 al 31 de agosto se celebró en San Pedro Sula el Primer Congreso de Trabajadores de la Tela Railroad Co., hecho que en opinión de un sociólogo, fue consecuencia directa o inmediata de la huelga de mayo de 1954 iniciada por los trabajadores de esa compañía bananera. El sindicato comienza ser organizado mientras se desarrolla la huelga respondiendo a la aspiración fundamental de los líderes de la huelga de aprovechar la pujanza del movimiento huelguístico para la organización del sindicato. Cuando terminó la huelga —nos dice un líder obrero—, casi teníamos organizado el sindicato. Por lo menos habíamos colocado las primeras bases: ya existían algunas subsecciones y los Comités Seccionales de El Progreso, Tela y Puerto Cortés.

El encarcelamiento y persecución de los miembros del Comité Central de Huelga, a principios del mes de junio, bajo la acusación de ser "comunista", significó no sólo la posibilidad de que la compañía bananera, por su influencia en los nuevos miembros y asesores del nuevo Comité Central de Huelga pudiera controlar el movimiento de huelga en la dirección que mejor conviniera a sus intereses, sino que también, a mediano plazo, le permitió controlar casi desde su origen, la formación del poderoso sindicato que hubieron de organizar los trabajadores.

En esta dirección colaboraron efectivamente el hecho de no haber sido discutido plenamente el petitorio presentado por los huelguistas y la necesidad de continuar la discusión de los puntos pendientes de arreglo estipulados por el Convenio, lo que permite a la compañía bananera con la colaboración de la Comisión Mediadora acreditada por el Estado, disponer del número y la composición de los representantes obreros en estas discusiones...

Los miembros del Comité para la discusión de los puntos pendientes de arreglo asesorados por Roberto Arellano Bonilla y funcionarios de la ORIT (Arturo Jáuregui Hurtado, Serafino Romualdi y Augusto Malavé Villalba) que habían ingresado al país, luego de concluida la huelga, respondiendo a una invitación telegráfica del líder Estrada... Pese a que los miembros del Comité Central Sindical controlada por Estrada y los funcionarios asesores de la ORIT logran apoderarse de la dirección del movimiento sindical, su influencia en las terminales (Tela, Puerto Cortés, El Progreso) no siempre fue efectiva. La presencia de líderes obreros como Francisco Ríos en Tela, Juan B. Canales en Puerto Cortés, hace difícil el control del Comité Central Sindical sobre las masas obreras de esas localidades.

Asistieron 107 delegados tanto de departamentos como de fincas, así como de las cinco terminales. La directiva electa quedó conformada así: Secretario General: Prof. Raúl Edgardo Estrada, de Tela; Secretario de Finanzas: Céleo González, de Puerto Cortés; (ambos habían sido miembros del Comité Central Sindical y del Segundo Comité Central de Huelga); Secretario de Trabajo y Conflictos: José Cubas Gross, de La Lima (también miembro del CCS y del segundo Comité); Secretario de Organización y Estadísticas: José Roberto Panchamé Torres, de El Progreso (también figuró en el CCS y el segundo Comité); Secretario de Actas y Correspondencia: Rufino Sosa Murillo, de Bataan (también integrante del CCS y del segundo Comité); Secretario de Prensa y Propaganda: Iván Cañas, de Tela; Secretario de Asistencia Social y Asuntos Campesinos: Luis F. Guerra (ex-Secretario Ejecutivo del CCS).

Los Estatutos fueron adoptados el 31 de agosto por parte el Congreso y los firmaron Raúl Edgardo Estrada, Antonio Muñoz y Muñoz, José Roberto Panchamé, Guillermo Urrutia h. y José Cubas Gross.

El artículo 16 establecía que adoptaban únicamente la doctrina del sindicalismo libre y democrático... y por ningún motivo admitirá en su seno a personas ajenas a su organización, ni tolerará dentro del mismo que sus agremiados propongan o propaguen ideas contrarias a la democracia y al sindicato.

Luego de su visita a Honduras, Serafino Romualdi señalaba que los comunistas estaban activos y efectivamente buscando ganar control sobre el naciente sindicato de los trabajadores bananeros. Por ello recomendaba, lo más pronto posible, el entrenamiento de dirigentes laborales anti-comunistas, una activa batalla de propaganda contra los comunistas y la inclusión de criterios anti-comunistas para la existencia legal de sindicatos....

Francisco Ríos justificaba sus críticas a la ORIT en estos términos:

"Nosotros atacamos a la ORIT por tres razones fundamentales: 1) porque son los artesanos de la división de nuestro sindicato; 2) porque los representantes de la ORIT que han venido a Honduras son los más grandes divisionistas del movimiento sindical en sus países de origen: Malavé sabe que no mentimos, pues su conducta en Venezuela es mundialmente conocida y 3) porque la ORIT organiza sindicatos patronales, casi corporaciones de estilo fascista que no sirven a los trabajadores; por eso predican los representantes de la ORIT la ´armonía´ y la ´conciliación´ con los patronos... Los funcionarios de la ORIT llegaron al país justamente en el momento que había concluido la huelga para aprovechar todo el trabajo sindical que habíamos realizado por años y años, sufriendo numerosos vejámenes, y asaltar la dirección de los sindicatos para organizar sindicatos oficializados, controlados por el Estado, para frustrar el anhelo acariciado de los trabajadores hondureños y torcer la función reivindicativa de las organizaciones obreras. La ORIT convive con las peores dictaduras, colabora con ellas en el seno de la clase obrera; engaña canallescamente a los trabajadores y procura mantenernos divididos para que nunca constituyamos un valladar contra la explotación económica que sufrimos".

En reunión sostenida por Romualdi con Lozano, éste aseguró al primero que permitiría que representantes de la ORIT nuevamente pudieran ingresar a Honduras.

En la nueva visita realizada por Romualdi a Honduras en el mes de abril de 1956, se desplazó a la Costa Norte, desde donde reportaba haber compilado considerables pruebas de una renovada actividad comunista, y de que éstos se encuentran listos para cooperar, políticamente, con el gobierno a cambio que se les dé libertad de acción en los sindicatos. Desgraciadamente, el Ministro de Trabajo parece haber tragado el anzuelo.

Informando sobre su conversación con el Jefe de Estado Lozano Díaz el 21 de ese mes, indica que le señaló las graves faltas del Gobierno en materia laboral:

"Primero, al haber encarcelado bajo estúpidas razones a los líderes sindicales y, segundo, por haberlos presentado como comunistas, al tiempo que daban protección a los verdaderos comunistas tan sólo porque habían hecho gestiones políticas para apoyar a los candidatos del gobierno. Le dije también que la ORIT y los sindicatos de Estados Unidos no podrían mantenerse silenciosos indefinidamente ante esta situación. Sin embargo, repetí que, así como en el pasado, estábamos dispuestos a mediar en una especie de compromiso que haría posible la reanudación de relaciones normales entre el Gobierno de Honduras y los sindicatos de la Costa Norte... Durante mi estancia en Honduras obtuve el consentimiento de los sindicatos y del Presidente (sic) de la

República en persona al plan de la ORIT de mandar próximamente un organizador de los Estados Unidos, de habla española, quien alternaría su tiempo entre Guatemala y Honduras, con el objeto de ayudar a los sindicatos y de ocuparse de las actividades componente que requieren las circunstancias" (*).

(*). Reporte de Serafino Romualdi sobre la situación en Honduras. 13 de junio de 1956.

En 1958, con el apoyo gubernamental, fue traído desde México otro experto de la ORIT, Nemesio Fregoso, a quien se le encargó la tarea de organizar una nueva Federación que dejara al margen a los sindicatos dirigidos por los comunistas. Fregoso cumplió su tarea y dejó por fuera a los sindicatos de zapateros, sastres, de la construcción y de las camiserías.

Para concluir, el rápido crecimiento de las organizaciones obreras hondureñas, durante el período aquí estudiado se vio inserto dentro de las disputas ideológicas y políticas entre los sectores de izquierda, por un lado, y los de derecha, por otro.

Los primeros apelando a una visión clasista y los segundos adoptando posturas conciliatorias entre capital y trabajo; aquellos considerándose herederos de la reactivación proletaria desde finales de la década de los novecientos cuarentas y sostenedores de las huelgas de 1954, en sus primeras etapas, éstos, de más reciente militancia, promoviendo la imagen del sindicalismo "libre y democrático", con generoso apoyo financiero y logístico por parte del gobierno norteamericano, los grandes sindicatos estadounidenses y la ORIT. En los años aquí examinados esta segunda tendencia generalmente contando con el beneplácito gubernamental y de las empresas bananeras, mantuvo el control de los grandes sindicatos de la nación, pese a que su estilo de dirigencia y sus tácticas fueron cuestionadas por una parte de la membresía.

De acuerdo a la politóloga inglesa Rachel Sieder, en The Politics of the Agrarian Reform in Honduras, fue durante el régimen de Villeda Morales (1957-1963), que las estructuras organizacionales del sindicalismo hondureño y el control ideológico por parte de los Estados Unidos se fortalecieron y consolidaron. El firmemente anti-comunista Ministro de Trabajo de Villeda, Óscar A. Flores, obstaculizó todos los esfuerzos organizacionales que no fueran controlados por la ORIT. Sindicatos independientes, a menudo influidos por el PCH, se opusieron al control de ORIT pero fracasaron en quitar la hegemonía del movimiento de manos de los dirigentes respaldados por Estados Unidos...

Después de la creación en 1962, del Instituto Americano para el Desarrollo del Sindicalismo Libre, con sede en Washington, la penetración estadounidense del movimiento sindical hondureño llegó a ser crecientemente sistemática. En marzo de 1963, bajo la dirección del ex dirigente laboral cubano Jesús Artiga Carboneli, el IADSL estableció el Instituto de Estudios Sindicales de Centro América (IESCA), un centro de entrenamiento para sindicalistas centro-americanos establecido en Tela. Recibió el apoyo de la AFL, ORIT y el Agregado Laboral de Estados Unidos, John O'Grady. La ORIT había visualizado al SITRATERCO como un modelo para el desarrollo de sindicatos "libres y democráticos" en el resto de Centro América y el IESCA intentó entrenar a una generación de dirigentes sindicales en un molde similar.

Fondos generosos proporcionados por el Gobierno de los Estados Unidos aseguraron que los beneficios materiales ofrecidos a sus miembros por los sindicatos apoyados por la ORIT sobrepasaran cualquier cosa que otros sindicatos pudieran ofrecer. Bajo la guía de la ORIT, la Confederación de Trabajadores de Honduras (CTH) fue fundada en 1964. Esta fue la primera confederación sindical con cobertura nacional e incluía a la Federación de Sindicatos de Trabajadores Norteños de Honduras (FESITRAHN) y la Federación Central de Sindicatos de Trabajadores Libres de Honduras (FECESITLIH).

Como puede apreciarse unos pocos años posteriores a los sucesos de 1954 el obrerismo organizado hondureño era cortejado por quienes, con anterioridad a esa fecha, habían mostrado indiferencia, cuando no negligencia, a su suerte y reclamos. La masa amorfa, desorganizada, había empezado a caminar. Y sus pasos empezaban a escucharse. No es casual que, para 1957, se consideraba al movimiento obrero nacional, "potencialmente (como) la fuerza política más efectiva en el país" (Cunningham al Departamento de Estado, Despacho 489).

Un funcionario del Congress of Industrial Organizations (C.I.C.) de los Estados Unidos ofrecía estas declaraciones:

"Un gran triunfo para el trabajador hondureño, el hecho de que sin leyes laborales adecuadas se le haya reconocido por parte de la

United, el derecho de organizarse en uniones democráticas similares a las norteamericanas...".

Continuaba afirmando que estaba seguro de que la ORIT ayudaría a los trabajadores hondureños para que se agrupen en uniones democráticas anti-comunistas, al estilo del C.I.O.; como patrón podrían tomarse las uniones puertorriqueñas que agrupan a los obreros agrícolas de los cultivos de caña en el Estado Libre Asociado (Entrevista dada por Daniel Benedict a El Cronista, 15 de julio de 1954).

Un diplomático norteamericano, con ayuda y visionaria percepción, reportaba a sus superiores en Washington:

"Cuando la huelga concluyó, la pregunta ya no era si Honduras tendría o no sindicatos, sino solamente qué tipos de sindicatos tendríamos, comunistas o anti-comunistas. Dada la inexperiencia de los trabajadores hondureños en este tipo de lucha, la Embajada reconoció al final de la huelga que el PDRH podía ser bloqueado solamente por luchadores sindicales anticomunistas en el sindicalismo, que hablaran con los trabajadores en sus lugares de trabajo y reuniones, identificaran y atacaran a los comunistas y distinguieran entre objetivos sindicales reales y temas falsos usados por los comunistas para propósitos egoístas... Obviamente, este tipo de combatiente no podía ser proporcionado por la Compañía o por los gobiernos hondureños o norteamericano. La ORIT se ofreció para realizar esa misión. La efectividad de la ORIT acaba de ser puesta a prueba con el hecho que el grupo anticomunista de Estrada capturó, contra fuertes pronósticos, el Comité Central Sindical. Pero el PDRH continúa activo a todos los niveles y la lucha continúa" (Coerr al Departamento de Estado, Despacho Número 98, 7 de septiembre de 1954).

EPÍLOGO

Hemos intentado presentar una visión general de las condiciones laborales hondureñas, desde 1949, cuando el pueblo hondureño está empezando a dejar atrás el prolongado período del cariato, en el cual el obrerismo se vio forzado a interrumpir el proceso organizativo y la protesta clasista merced a la represión estatal, hasta la emisión del Código de Trabajo durante la Administración Villeda Morales.

El énfasis está centrado en las huelgas ocurridas durante 1954, las actitudes que con respecto a las mismas adoptaron grupos sociales diversos así como las repercusiones que ellas generaron en la sociedad y la política nacional en los años subsiguientes Cuando detallamos el origen, desarrollo y finalización de la principal huelga, la de los asalariados de la Tela Railroad Co., examinamos la postura obrera, con sus manifestaciones de heroísmo, generosidad, entrega, abnegación, persistencia, así como el lado obscuro de algunos dirigentes: traición, arribismo y colaboracionismo. Igualmente, las tomas de posición y de conciencia por parte de diversos grupos sociales y políticos con relación a los movimientos sociales de ese año. Creemos haber demostrado que casi no hubo sector o grupo que permaneciera indiferente frente a los hechos históricos que estaban presenciando.

Sin ahondar en ellos, pero como telón de fondo, hicimos referencia a los preparativos y la invasión a Guatemala que culminó en el derrocamiento del régimen constitucional de Arbenz así como al proceso electoral que se efectuó en octubre y que enfrentó a tres candidatos presidenciales.

Vimos las causales que condujeron al estallido de los conflictos obreros, así como los alcances que las mismas acarrearon.

Finalmente, creemos haber aportado elementos que corroboren la convicción de que los sin historia escribieron uno de los hechos más significativos de este siglo, ya moribundo.

CONCLUSIONES

Los conflictos sociales desencadenados en 1954 encuentran sus antecedentes, por una parte, en las condiciones materiales de vida y en la sobre-explotación de la fuerza asalariada laborante con las empresas bananeras; por otra, en la ausencia de políticas laborales por parte del Estado, en materia legal y social, que permitieran darle curso a los reclamos y disputas entre capital y trabajo, de manera equitativa.

Para esa fecha, el peso económico y político de la United Fruit Co., seguía siendo decisivo en Honduras. La región norte del país aún permanecía como una zona de enclave, en el que la autoridad del gobierno central era compartida con la influencia de las dos transnacionales fruteras.

Es dentro de ese contexto que los militantes del Partido Revolucionario Democrático Hondureño realizaron una persistente labor divulgativa y organizativa desde los últimos años del Cariato. El proletariado fue adquiriendo una visión más coherente respecto a su problemática cotidiana merced a la labor de Vanguardia Revolucionaria y de los activistas del PDRH. En la zona central también fue visible la tendencia hacia la organización obrera.

La modernización económica impulsada por la Administración Gálvez, el crecimiento del sector público, y la apertura política fueron tres factores que hicieron posible el desarrollo de los sectores medios y populares, así como la formulación de planteamientos y demandas propias, que no encontraban aceptación por parte del sistema político tradicional.

De allí que fue gracias a las huelgas obreras de 1954, en las que participaron activamente miles de trabajadores, contando con la simpatía y respaldo de amplios sectores poblacionales, de distinta extracción social y afiliación política, que tanto las empresas bananeras como el Estado admitieron tácitamente el derecho de los asalariados a la organización sindical y a la contratación colectiva, conquistas que se concretizaron en el Código de Trabajo promulgado durante la Administración Villeda.

A partir de las huelgas de 1954 ya no era posible continuar ignorando ni marginando a grupos populares organizados. El Estado y los grupos de poder tuvieron suficiente visión y flexibilidad para acomodar, hasta cierto punto, a quienes irrumpían en el escenario nacional, ya no más como meros espectadores sino como protagonistas.

El tradicional modelo político excluyente debió dar paso a un proceso de apertura, lento y vacilante, pero visible, así como a una tendencia hacia la democratización. Fueron estos logros que debemos a nuestros compatriotas que, hace cuarenta años, decidieron reclamar lo que creían era un derecho. Y así, durante sesenta y nueve días, los hondureños, por vez primera experimentaron un sentimiento de orgullo nacional compartido que fue capaz de unir a todo un pueblo.

Y los trabajadores, hombres y mujeres, se alzaron de propia iniciativa, sin estar supeditados, como en anteriores ocasiones, a los intereses particulares y egoístas del bipartidismo tradicional. Actuaron como clase social, pero a la vez, como ciudadanos responsables, comprometidos con su país y con su historia.

ANECDOTARIO

En el puerto de Tela, como en el resto de distritos bananeros en huelga, se habían establecido comités de vigilancia a fin de que, entre otros aspectos, no se tratara de reanudar labores sin haber llegado antes a un acuerdo con la empresa.

Algunas oficinistas fueron vistas cuando intentaban retornar a su puesto de trabajo, en contravención a lo acordado. Fueron llevadas ante la dirigente local Teresina Rossi, a fin de determinar el castigo al que se habían hecho acreedoras.

Rossi, compañera de labores de algunas de las infractoras, no estaba de acuerdo con castigos que implicaban esfuerzos de tipo físico. No obstante, se decidió que debían pelar chatas verdes, las que servían de alimento a miles de trabajadores y sus familias congregadas en el puerto. Para darles el ejemplo y comprendieran la dignidad del trabajo manual, Teresina se puso a realizar tal tarea, agotadora para quien no estuviera acostumbrada, a la par de ellas.

***

Una vez concluida la huelga, Teresina se presentó a sus labores de oficina en Materials and Supplies (M & S) de la Tela Railroad. Sus compañeras mujeres no le dirigieron la palabra y sus jefes no le asignaron tareas a cumplir. Empero, este boicot fue roto por dos compañeros de trabajo: Ernesto Wainwright y Castro (popularmente conocido como "El Nipo"), quienes le encargaron que pasara a máquina unas cartas. Solamente un supervisor norteamericano, Gregory Gaboury la saludó y abrazó efusivamente.

El Superintendente, Mr. Flandry, de origen holandés, la recriminó preguntándole qué andaba haciendo en territorio "americano". Indignada, Rossi le respondió que estaba en suelo hondureño y le preguntó:

—¿Qué haría Ud. si al llegar a Estados Unidos le preguntaran qué estaba haciendo allí, si Ud. viene de Holanda?

***

La división entre los seguidores de Manuel de Jesús Valencia y César Augusto Coto era manifiesta. En La Lima habían convergido ambos grupos, el segundo procedente de El Progreso, portando ambos machetes y garrotes. Una chispa podía provocar una tragedia que sería un pretexto para reprimir el movimiento huelguístico.

Cuando el Presidente de la FEUH, Rodolfo Rosales Abella, quien acompañado de una delegación estudiantil universitaria visitaba a los trabajadores en paro, pidió el uso de la palabra, se la concedieron y en la parte final de su alocución dijo:

—Ordeno a Valencia y a Coto para que, aquí mismo, se den un abrazo fraterno en señal de unidad obrera.

Ambos procedieron a hacerlo y, al ver ese acto, los dos grupos proletarios convergieron el uno hacia el otro, confundiéndose en un gigantesco mar humano, intercambiando saludos y apretones de manos.

***

Luego de finalizada la huelga, Teresina Rossi y su madre se dirigieron al Casino Teleño, centro de reunión social de los altos empleados de la Tela Railroad, a participar de un evento social. En la entrada estaba un portero quien al conocerlas, les explicó que tenía órdenes de la Junta Directiva de permitirle la entrada a ella pero no así a su hija Teresina. La digna respuesta de su progenitora fue ésta:

—Si mi hija no entra, no entro yo.

Y dando media vuelta, retornaron a su hogar.

***

El telegrafista Gonzalo Zapata, laborante en la capital hondureña, fue destituido de su trabajo por haber enviado este telegrama a los obreros en paro en la Costa Norte: "Tegucigalpa, 7 de mayo de 1954. Comité de Huelga Trabajadores. Progreso. Hay profunda simpatía por vuestra lucha. Distintas sociedades de esta capital están solidarizándose con vuestros reclamos. Os envío sinceras frases de aliento. Gonzalo Zapata".

(Fuente: El Pueblo, 10 mayo 1954, p. 1).

***

Para finales de 1954, Rossi se encontraba en Tegucigalpa, ya que el Estado les había incoado proceso junto a otros dirigentes de la huelga como César Augusto Coto, Francisco Ríos, Francisco Cardona Casaña, entre otros. El General Tiburcio Carías invitó en diciembre a Teresina para que le visitara en su casa, aclarando que lo hacía sin ningún compromiso de su parte. Rossi deseaba conocer a quien había regido el país durante diez y seis años. Encontró a un hombre educado, quien se levantó de su asiento y le dijo:

—Es un honor para mí, señorita Rossi, el conocerla.

—Mucho gusto de conocerlo, General; me siento impresionada.

Carías inició la conversación manifestándole que había seguido su trayectoria durante la huelga, "en defensa de la gente humilde" y dijo:

—Usted parece una muchacha fuerte, se parece a mi carácter. A partir de ese momento, la conversación se prolongó por casi dos horas. El ex-gobernante afirmó que había impuesto la paz, liberando al país de salteadores de caminos, le hizo preguntas sobre el movimiento obrero, no formuló interrogantes de carácter político y le manifestó que deseaba tuviera una buena impresión de él.

NUESTRA PARTICIPACIÓN EN LA HUELGA DE 1954

Por ENRIQUE AGUILAR PAZ
(Ex minsitro de Salud y ex candidato presidencial por el PINU)

La huelga de 1954 constituye un verdadero acontecimiento histórico en la vida social de Honduras. De hecho, ha sido la más grande e importante confrontación obrero-patronal en el país. Llegó a durar 69 días. Por determinado momento participaron en ella todos los obreros bananeros de las dos grandes compañías fruteras en nuestra nación. Esta huelga no sólo tuvo repercusiones en las conquistas sociales de nuestros trabajadores, sino que influyó positivamente en los resultados electorales políticos de ese año en Honduras, y ayudó mucho en ir forjando la democracia en el país.

Considerando el origen de esta huelga, no podemos exclusivamente atribuir su causa primaria a ciertos incidentes ocurridos, en forma sucesiva en los muelles de Tela, al despido arbitrario de un dirigente obrero en los muelles de Puerto Cortés; a la antojadiza e injusta detención de un obrero en el Departamento do Mecánica: a los malos tratos dados a las enfermeras del Hospital de Tela; a la imposición de una contratación atentatoria de los intereses obreros en los trabajadores de la construcción en Progreso.

Todos estos hechos sólo fueron los detonantes finales que encendieron la gran explosión huelguista, a partir del lunes 3 de mayo de 1954. Estas arbitrariedades eran comunes en la política administrativa de la empresa, pero para la época en que sucedieron, ya se había verificado un proceso de maduración en el obrero agrícola hondureño. La huelga del 54 fue un poderoso grito de "BASTA" a muy largos años de opresión e injusticia por parte de la empresa, con la anuencia y tolerancia de los gobiernos hondureños.

El campo estaba fértil para la gigantesca manifestación de protesta y demanda. A los trabajadores de los campos bananeros, tanto de la Tela Railroad Company, como de la Standard Fruit Company, se unieron vigorosamente otros grupos de trabajadores de siete fábricas de ropa en San Pedro Sula, de los obreros de las fábricas de jabón y manteca, de zapatos, de bebidas refrescantes, de cerveza y de cigarrillos, así como los obreros mineros de El Mochito.

Por otra parte, esta huelga contó con la simpatía de la sociedad hondureña. Varias instituciones hondureñas, como la Asociación Hondureña de Maestros, la Asociación de Mujeres Universitarias, los obreros gráficos, muchos sindicatos y gremios artesanales, así como personas privadas, dieron no sólo un apoyo moral, sino que se esmeraron en recoger fondos y otros recursos para poder alimentar a los 25,000 campeños que se habían declarado en huelga. Un importante rol desempeñó los estudiantes universitarios, y muy particularmente los estudiantes de Medicina.

En 1954 tenía yo 23 años de edad, cursaba mi último año académico en la Escuela de Medicina. Ese mismo año había sido electo Presidente de la Asociación de Estudiantes de Medicina.

La huelga de los campeños sacudió profundamente las fibras de nuestros corazones. Recibimos la huelga con un inusitado entusiasmo patriótico. La decisión de apoyo a la huelga fue unánime. La celebración de la fiesta del Día del Estudiante, pasó a segundo plano. Se necesitaban fondos para comprar cereales para los huelguistas.

A mediados de junio, había surgido un brote epidémico de gastroenteritis en el Campo de Bataan. Los trabajadores de dicho campo frutero se habían adherido resueltamente a la huelga desde el día martes 4 de mayo. El médico para atender ese importante campo bananero, en forma servil a la empresa, plegándose a los intereses de su patrón, en forma inhumana, faltando a su juramento hipocrático desatendió sus labores asistenciales, y abandonó cruelmente a sus pacientes.

El Comité Local de Huelga, por medio del Comité Central de la misma, pidió auxilio a la Asociación. Nuestra Asociación, en Asamblea General, de inmediato resolvió otorgar en forma irrestricta todo el apoyo posible. Se nombró una Comisión que debía de acudir ipso facto a socorrer a los compatriotas que sufrían en Bataan. Esta Comisión quedó integrada por los dinámicos compañeros Br. Ramón Custodio López, quien era a la sazón Presidente de la Asociación de Practicantes Internos del Hospital San Felipe; por el Br. Mario Alcerro Matute, sobresaliente alumno del sexto año de medicina, por el Br. Mario Pineda (QDDG), distinguido practicante del Hospital y por mí, en mi carácter de presidente de la Asociación de Estudiantes de Medicina.

Se procedió a juntar medicamentos con profesores de la Facultad, con médicos amigos simpatizantes de la huelga y con representantes de droguerías. Se esbozó un plan de acción, y sin perder mayor tiempo salimos a la costa norte.

Muy de madrugada, nos trasladamos vía terrestre a San Pedro Sula, y ese mismo día nos desplazamos a La Lima, para dialogar con los Miembros del Comité Central de la Huelga.

Es pertinente explicar que nosotros realizamos nuestra misión a mediados de junio. Para ese tiempo habían sucedido algunos acontecimientos trascendentes dentro de los huelguistas.

El Comité Central de Huelga se constituyó el día 17 de mayo. Fijó su residencia en la ciudad de Progreso, lugar de mayor concentración de huelguistas. Para las negociaciones, que por entonces se habían ya iniciado, nombraron asesor legal al Abogado José Pineda Gómez, quien era entonces presidente del Partido Democrático Revolucionario Hondureño (PDRH). Con don José nos encontraríamos en el curso de la misión, en circunstancias muy especiales. Al momento de nuestra llegada a Lima, ya se había producido una lamentable división entre los integrantes del Comité Central de Huelga.

Cuando visitamos a dicho Comité en el campo deportivo de "Chula Vista", en La Lima, en el cual había una gran concentración de campesinos, la persona que nos atendió fue el Profesor Manuel de Jesús Valencia.

Al Secretario General de la Huelga, quien era el verdadero director intelectual del famoso movimiento, el obrero ferroviario César Augusto Coto (el mismo famoso poeta y escritor, "Tito" Coto, de Ocotepeque) ya lo habían apresado, como resultado de una maniobra separatista de la Empresa, que había regado la propaganda que la huelga era una actividad comunista.

Por influencias del Departamento de Estado, el Gobierno de Honduras había iniciado una represión contra los dirigentes huelguistas, calificados como subversivos comunistas. Todo ello, concatenado con un plan foráneo para derrocar en Guatemala al régimen del Coronel Árbenz Guzmán, para tristeza de nuestra historia, muy descaradamente. Nuestro Gobierno prestó el territorio hondureño, así como contingentes de hombres, para invadir Guatemala.

En la Lima nos dieron un salvoconducto para trasladarnos esa misma tarde a Progreso. Por el atardecer de ese trajinado día llegamos al paso de Omonita (antes no había puente), y cruzamos el Río Ulúa, en la famosa balsa que operaba en ese sitio.

Nos alojamos en el hotel Hope Lee, propiedad de un amable chinito, en frente del parque Ramón Rosa. Por la noche, se llevó a cabo una gigantesca concentración de huelguistas en dicha plaza, que la abarrotaron completamente. Allí, desde un balcón, donde se había colocado un potente micrófono, tuve la oportunidad de pronunciar mi primer discurso político directamente ante mi pueblo. También participaron mis compañeros Moncho Custodio y Mario Alcerro Castro.

En mi intervención, señalé con énfasis los nobles propósitos de la huelga; les comuniqué a los campeños que no estaban solos, que la sociedad hondureña los acompañaba en esa histórica gesta; que era primordial que se mantuvieran unidos, firmes en la demanda de los fundamentales puntos de su manifiesto de peticiones; que tuvieran fe en su futuro, porque la justicia estaba con ellos. Mis palabras me salían del corazón. Sobre las reflexiones que me dictaba la razón, sobre los peligros represivos que podrían recaer sobre nosotros, a nuestro regreso a Tegucigalpa, prevalecieron mis sentimientos afectivos de solidaridad con los trabajadores del campo. Después de mi intervención, quedé plenamente satisfecho con mi conciencia. Había actuado en respeto a aquellos principios éticos, que tanto se pregonaron en mi hogar.

Esa noche, casi no dormimos. Nos sentíamos protagonistas de un acontecimiento excelso, que sabíamos estaba transformando la historia de Honduras. Al día siguiente el Comité Local de Huelga de Progreso nos puso a la orden un motocarro, para trasladarnos por vía férrea a Bataan. Cargamos en él las numerosas cajas de medicamentos que portábamos. Y salimos muy de mañana, cruzando aquel mar verde de matas de bananos, asentado en las más fértiles tierras de la nación.

Al llegar al campo bananero "Naranja China", un grupo de personas, haciendo oportunas señas, detuvo al motocarro. Nos pidieron desesperadamente que por favor les lleváramos a un campesino, que estaba en un mal estado de salud, urgentemente al Hospital de Tela. Desde luego que accedimos prontamente a aquella humana petición. Acomodamos al hombre lo mejor que pudimos en el piso del motocarro. Examiné al pobre enfermo. Detecté en su pierna derecha, semidesnuda, las huellas de una tremenda mordida por un barba amarilla.

El tejido adyacente a la mordida estaba muy edematizado, amoratado. El hombre estaba inquieto, con una respiración jadeante y dificultosa, su facies pálida, sudorosa, su pulso con mucha taquicardia, casi imperceptible, su estado mental estuporoso. No había orinado. Pude observar, por primera vez en mi vida de médico los dramáticos efectos de las toxinas de esa temible sierpe. La acción enzimática proteolítica, en el lugar de la mordida, la acción hemolítica aguda, con el consecuente bloqueo renal, y la demoledora acción neurotópica que causando daño central, provocaba la seria disnea que atormentaba a aquel desafortunado.

En los medicamentos que llevábamos no teníamos ningún antídoto antiofídico. Era desesperante y frustrante no haber podido hacer nada por aquel desgraciado campesino. Hubiera deseado haber estado en un ambiente quirúrgico, para al menos hacerle una traqueotomía y ayudarle con respiración artificial. No alcanzó a llegar vivo al hospital, murió en el trayecto, antes de llegar a Urraco Campo. Seguimos tristes, con la frustración de no haberle podido ayudar.

En la vida del médico, hay tantas frustraciones, que van moldeando nuestro espíritu para ser humildes y comprensivos. Al llegar a Bataan, hicimos un análisis de la situación. La carencia de alimentos había obligado a aquellas familias de campesinos a ingerir alimentos mal conservados. En primera instancia, atendimos a los pacientes más críticos. Desde luego que el médico irresponsable y servil, no nos prestó su clínica. Improvisamos nuestro consultorio en una barraca. Empezamos a distribuir los medicamentos adecuados.

A algunos niños fue necesario hidratarles. Dictamos una serie de medidas, sobre todo a las madres, para mantener normas higiénicas en la preparación de alimentos. Toda el agua que debía de ingerirse tenía que ser bien hervida. Laboramos todo el día. Quedamos satisfechos de nuestro trabajo. Cuando ya el día no nos podía brindar luz, decidimos regresar. Llegamos a Progreso a medianoche. Nuestro propósito era movilizarnos ese mismo día a San Pedro Sula. Pero la balsa ya no estaba en uso. Por consiguiente, atravesamos el Río Ulúa, en una gran canoa.

En la orilla, estaban otras tres personas esperando utilizar esa misma canoa. Estas tres personas eran célebres en la huelga del 54. Ellas eran los abogados José Pineda Gómez, Francisco Milla

Bermúdez y Roberto Arellano Bonilla. El canoero tenía una gran habilidad para controlar las olas de un Ulúa ya crecido con las primeras lluvias de la temporada. Dentro de aquella rústica, pero valiosa canoa, se estableció un diálogo de optimismo acerca de los resultados de la huelga. Nuestro espíritu romántico e idealista se deleitaba con los pensamientos recios de aquellos asesores legales de la huelga. Las ideas constructivas de aquella inolvidable plática, se elevaron a un cielo estrellado, como una sublime oración a Honduras.

Habíamos cumplido satisfactoriamente nuestra misión, pero aquella participación nuestra en la huelga del 54, había despertado en nuestra alma una tremenda inquietud. Sabíamos que eso era el inicio de una larga lucha patriótica, yo diría interminable, en la construcción de una Nueva Honduras.

Tegucigalpa, 20 de mayo de 1994.

www.ingramcontent.com/pod-product-compliance
Lightning Source LLC
Chambersburg PA
CBHW070659130626
46553CB00005B/1770